VERÖFFENTLICHUNGEN DER HANDELSHOCHSCHULE MÜNCHEN

HERAUSGEGEBEN VON PROF. DR. M. J. BONN
DIREKTOR DER HANDELSHOCHSCHULE MÜNCHEN

II. HEFT
NORDAMERIKANISCHE FRAGEN

VERLAG VON DUNCKER & HUMBLOT
MÜNCHEN UND LEIPZIG
1914

NORDAMERIKANISCHE FRAGEN

VERLAG VON DUNCKER & HUMBLOT
MÜNCHEN UND LEIPZIG
1914

Vorwort.

DIE in diesem Bändchen enthaltenen Vorträge bilden den zweiten Teil der im Wintersemester 1912/1913 abgehaltenen Vortragsserie der Handelshochschule München «Deutschland und seine Konkurrenten». Ihre Veröffentlichung hat sich etwas hinausgeschoben, weil einige der Mitarbeiter durch anderweitige Inanspruchnahme an der raschen Fertigstellung des Manuskriptes verhindert waren. Es ist gelegentlich des Erscheinens des ersten Bändchens von einem Kritiker die Frage aufgeworfen worden, welchen Sonderzweck diese Veröffentlichungen hätten. Diese Frage läßt sich leicht beantworten. Sie haben den Zweck, das Wissen hervorragender Fachleute auf Gebieten, deren Wichtigkeit ja kaum bezweifelt werden kann, in verständlicher Form einem weiteren Kreise zugänglich zu machen, als nur der Zuhörerschaft der Vorträge. Die gedrängte Darstellung und die leicht faßliche Form bedeuten nicht, wie das von mancher Seite ausgesprochen wurde, daß es sich um bloße volkstümliche Zusammenstellungen handle; es sind vielmehr Ausführungen, die deswegen klar und knapp sind, weil die Verfasser als anerkannte Autoritäten ihr Gebiet voll beherrschen. Das ist, soweit der erste Band in Frage kommt, auch entsprechend anerkannt worden. Das führende Blatt Englands, die «Times», schreibt:

»Der Herausgeber und die Mitarbeiter dieses ausgezeichneten Bandes können selbst den gut unterrichteten Engländer über die volkswirtschaftlichen und politischen Zustände seines eigenen Landes eine Menge lehren. Sie beherrschen sowohl die große Masse der historischen Tatsachen als auch die sozialen Voraussetzungen, die die künftige Entwicklung reißend schnell herbeiführen in einer neuen und nicht völlig beruhigenden Form.»

Daß diese Veröffentlichungen auch für rein wissenschaftliche Zwecke nicht unbrauchbar sind, darf ich wohl der Mitteilung eines in Deutschland sehr bekannten, amerikanischen Kollegen entnehmen, der mir schrieb, er habe das Büchlein in einer Anzahl Exemplaren zur systematischen Lektüre in seinem Seminar angeschafft. Ich hoffe, daß die Aufnahme des zweiten Bändchens nicht weniger freundlich sein wird.

München, den 18. Mai 1914.

Dr. M. J. Bonn.

Inhaltsangabe.

Seite

I. Der amerikanische Nationalcharakter. Von Professor Dr. George Stuart Fullerton 1

II. Die Einwanderungs- und Siedelungspolitik in Amerika. Von Privatdozent Dr. Carleton H. Parker 21

III. Die Arbeiterfrage in Amerika. Von Professor Dr. Robert Kuczynski 37

IV. Die amerikanische Industrie. Von Dr. Theodor Vogelstein . . . 49

V. Das Trustproblem. Von Dr. Theodor Vogelstein 61

I.
Der amerikanische Nationalcharakter
Von Professor Dr. George Stuart Fullerton

MIR werden manchmal, sogar von intelligenten und gebildeten Leuten, Fragen über die Vereinigten Staaten gestellt, die zeigen, daß man dabei übersah, sich klarzumachen, daß wir es bei dieser großen Republik nicht mit einem Lande von mäßiger Ausdehnung zu tun haben, in welchem die physischen und sozialen Bedingungen sich in den verschiedenen Teilen entsprechen, und dessen Verfassung das Ergebnis einer allmählichen, sich über Jahrhunderte erstreckenden Entwicklung ist; sondern daß im Gegenteil es sich um einen Kontinent von großer Ausdehnung handelt, der mit großer Geschwindigkeit kolonisiert worden ist, und dessen verschiedene Teile auffallende Kontraste bilden, in physischer wie in sozialer Hinsicht.

Europäer haben mich manchmal gefragt: »Wie ist Ihr Klima in Amerika?« Daraufhin mußte ich antworten: »Wenn in New York 20^0 C unter Null sind, so kann man in der See bei Palm Beach in Florida baden; in einigen Gegenden in Kalifornien herrscht nur ein geringer Unterschied zwischen Sommer und Winter«. Meine Antwort auf verschiedene Fragen, wie z. B. die Verfeinerung oder Unkultiviertheit der Sitten, die Aufrechterhaltung der öffentlichen Ordnung, die Entwicklung der höheren Lehranstalten, mußte ähnlicher Art sein. Eine allgemeine Frage kann kaum kurz und korrekt beantwortet werden.

In gewisser Hinsicht scheint es richtiger zu sein, die Vereinigten Staaten mit ganz Europa als mit irgendeinem Lande von Europa zu vergleichen. Ist das Klima von Europa kalt oder heiß? Ist die Bevölkerung gesittet und dem Gesetze gegenüber gehorsam? Verfolgt sie industrielle oder agrarische Zwecke? Wie ist eine europäische Universität beschaffen, und wie hoch stellt sie ihre Ziele? Das sind Fragen, die man kaum beantworten kann, ohne von Europa zu den einzelnen Ländern überzugehen, aus welchen es besteht. Eine Antwort, die auf Rußland paßt, wird für Deutschland nicht zutreffend sein, eine solche, die auf England paßt, wird sich weder für Spanien noch für Griechenland geben lassen.

Und doch können die Vereinigten Staaten in gewissen Beziehungen, ungeachtet all der physischen und sozialen Unterschiede, die sie charakterisieren, als eine Einheit betrachtet werden. Es ist nicht unrichtig, zu fragen: »Welches ist der eigentliche, nationale Charakter des amerikanischen Volkes?«. Weder die ungeheure Ausdehnung des Landes noch die verschiedenen Stufen der Entwicklung in den verschiedenen Teilen desselben lassen solche Fragen als nicht am Platze erscheinen. Der eingeborene Amerikaner ist ein Mann von einem bestimmten Typus, und dieser Typus ist ein scharf ausgeprägter. Das kann man — allgemein genommen — vom Europäer nicht sagen. Hier sind die Unterschiede zu scharf.

I. Die Besiedlung des Landes.

Der große Landkomplex, der von den Vereinigten Staaten bedeckt wird, erstreckt sich über ungefähr 4000 Kilometer von Osten nach Westen und über 2400 Kilometer von Norden nach Süden. Sein Flächenraum — ich schließe Alaska und die anderen abhängigen Gebiete aus, da ich nur die Vereinigten Staaten selbst in Betracht ziehen will — beträgt rund 7 800 000 Quadratkilometer. Der Flächenraum von Europa umfaßt zirka 9 700 000 Quadratkilometer. Dieser enorme Flächenraum Amerikas ist in 48 relativ unabhängige Staaten eingeteilt und von zirka 94 000 000 Menschen bewohnt.

Als die Vereinigten Staaten unabhängig wurden, lagen die eigentlichen Niederlassungen fast ohne Ausnahme entlang der atlantischen Küste, obgleich sich ihr Gebiet bis zum Mississippi oder zirka 1300 Kilometer in das Land hinein erstreckte.

Von diesen Küstenansiedlungen aus verbreitete sich die Bevölkerung mit großer Schnelligkeit. Zwischen 1800 und 1900 vermehrte sich die Bevölkerung um mehr als 1300 %. Argentinien ist das einzige Land der Welt, das noch eine solche Zunahme aufzuweisen hat.

Im Jahre 1790 waren zirka 600 000 weiße Familien in den Vereinigten Staaten. Eine Untersuchung der Namen bei der ersten Volkszählung (der von 1800) ergab, daß ungefähr 90 % der Einwohner britischer und ungefähr 80 % englischer Abstammung waren. Von zirka 1840 an wurden durch Einwanderung große Veränderungen hervorgerufen. Zuerst kamen Iren, Deutsche, Dänen, Schweden, Norweger und Schweizer. Von 1880 ab nahmen Italiener, Russen, Polen, Österreicher, Böhmen und Ungarn ganz erheblich zu.

In den allerletzten Jahren hat die Einwanderung aus Rußland einen großen Umfang angenommen. Schon in der ersten Zeit wurden Neger, deren Zahl sich jetzt auf zirka 10 Millionen beläuft, als Sklaven importiert. Die Sklaven wurden vor 50 Jahren befreit.

Das ganze Staatsgebiet war um das Jahr 1850 herum tatsächlich in Besitz genommen. Über seine großen Flächen verbreitete sich die Bevölkerung in sehr ungleicher Weise, bald, um Ackerbau und Viehzucht zu treiben, bald, um den Reichtum an Mineralien auszubeuten. Den Einfluß der Goldentdeckung in Kalifornien zeigt die rasche Verbreitung über entfernte, von den dichter bevölkerten Teilen weit abgelegene Gegenden des Landes. Solche Gegenden sind erst später nach und nach im eigentlichen Sinne des Wortes besiedelt worden. Und es gibt noch Teile des Landes, die kaum bewohnt und überhaupt kaum entwickelt sind. Zu ihrer besonderen Charakterisierung dürfen wir die Bezeichnung »amerikanisch« hier nicht verwenden. Sie können nur als Kolonien betrachtet werden, obgleich sie sich im Innern von relativ unabhängigen Staaten zeigen.

II. Die gegenwärtige Bevölkerung.

Wenn ich über das Volk der Vereinigten Staaten spreche, so schließe ich den Neger von der Besprechung aus. Der Neger ist ein Mensch für sich und stellt ein besonderes Problem für sich dar. Auch spreche ich nicht von den Indianern, die eine abnehmende Bevölkerung bilden, noch von den wenigen Japanern, Chinesen und anderen nicht europäischer Abstammung.

Den Rest der Bevölkerung können wir in Eingeborene und Fremde einteilen. Nach der Volkszählung von 1900 sind zirka zwei Drittel der gesamten weißen Bevölkerung eingeborene Amerikaner. Es ist festgestellt worden, daß ungefähr die Hälfte der weißen Bevölkerung als Abkömmlinge derjenigen betrachtet werden können, die im Jahre 1790 im Lande ansässig waren.

Wie ich schon andeutete, zeigen die verschiedenen Teile des Landes auffallende Unterschiede. Ganz allgemein gesprochen ist die Bevölkerung im Nordosten und im Norden dichter, mehr städtisch und mehr mit Handel und Gewerbe beschäftigt; sie ist ländlicher und mehr Ackerbau treibend in den südlichen Staaten. Im Westen ist die Bevölkerung verhältnismäßig spärlich und lebt unter anderen Bedingungen als in den älteren Landesteilen. An manchen Orten ist ein größerer Teil von Fremden vorhanden, in anderen herrscht das eingeborene Element vor. Aber welches auch immer die örtlichen Unterschiede sein mögen, so gibt es doch keinen großen Bestandteil der Vereinigten Staaten, der nicht vorwiegend amerikanisch wäre, und in dem nicht der nationale Charakter und die nationalen Ideale dem unterscheidenden Auge erkennbar wären.

Denn es ist ein Nationalcharakter vorhanden, der ausgeprägt und deutlich wahrnehmbar ist. Seine Züge sind deutlich erkennbar in solchen Gebieten, die weit voneinander entfernt sind und im Klima sowohl wie hinsichtlich wirtschaftlicher Bedingungen und sozialer Entwicklung Verschiedenheiten aufweisen.

In seiner ausgeprägtesten Form trifft man diesen Typus in den neueren und weniger entwickelten Staaten des Westens an. Diese Übertreibung des Amerikanertums, die z. B. auf der Bühne ausgebeutet worden ist, unterscheidet sich im Grunde in ihrer wesentlichen Eigenart auch dort nicht von jenem, der im Osten und im Süden vorherrscht. Der Amerikaner ist Amerikaner, ob er nun von Kalifornien, von Michigan, vom Mississippi, von Pennsylvanien oder von Massachusetts kommt. Es ist von guten Beobachtern behauptet worden, daß der Kalifornier sich weniger vom Pennsylvanier unterscheide als der Preuße vom Bayern, der Pariser vom Bewohner des südlichen Frankreich, oder der Engländer vom Schotten. Die Tatsache der wesentlichen Identität und eines daraus folgenden Sichverstehens unter den Amerikanern muß bei allen denen einen Eindruck hinterlassen, die lange in Amerika leben oder viel im Lande gereist sind.

III. Kennzeichen des Amerikaners.

1. Bei der Aufzählung der Kennzeichen des Amerikaners muß ich, glaube ich, mit der Erwähnung seiner starken Unabhängigkeitsliebe anfangen, seiner Liebe zur persönlichen Freiheit, seinem Wunsche nach Selbstverwaltung. Dieser Geist kennzeichnete die Kolonien, aus welchen die ursprünglichen Staaten gebildet wurden. Er machte zu Anfang eine starke Einigung schwierig. Er zeigte sich in der sorgfältigen Begrenzung der Macht der Bundesregierung. Er gibt in allen Teilen des Landes den vorherrschenden politischen Idealen in hohem Maße den Anstrich. Der Amerikaner will nicht versorgt werden; er will selbst für sich sorgen. Das tut er manchmal schlecht;

aber im allgemeinen würde er lieber seine Angelegenheit schlecht erledigen, als daß er sie von anderen für sich besorgen ließe.

2. Der Amerikaner hat ziemlich viel Sinn für den Wert der Religion und der Moral. Damit soll durchaus nicht gemeint sein, daß er selbst sehr religiös oder sehr moralisch ist. Er kann, aber er muß es nicht sein. Aber er sieht die Religion und die Moral als etwas an, das vom Gesichtspunkte des allgemeinen Wohles ermutigt werden muß. Mancherorts sind diese Interessen infolge der örtlichen Bedingungen verdunkelt. Aber wenn man das Land als Ganzes nimmt, so muß man mit ihnen als mitherrschenden Interessen rechnen. Die Kanzel hat einen großen Einfluß, besonders in ländlichen Gemeinschaften und in kleineren Städten, wo die öffentliche Meinung nicht durch den großen Einfluß der Fremdgeborenen berührt worden ist. Der Mann, der gar keine Kirche besucht, verwirkt seine Ansprüche auf Achtbarkeit. Dieses bedeutet nicht, daß der Amerikaner geneigt ist, sich in religiösen Angelegenheiten denen zu unterwerfen, die gerade über ihn gesetzt sind. Er wacht sehr eifersüchtig über die Einmischung der Kirche in politische Angelegenheiten, und seine Liebe zu individueller Freiheit hat sich in einer ungeheueren Mannigfaltigkeit von unabhängigen Sekten geäußert. Er geht ziemlich leicht von der einen zur anderen über und zieht es oft vor, dort zu beten, wo er sich aus irgendeinem Grunde mehr zu Hause fühlt. In der Regel hat er keine Abneigung gegen solche, die sich in anderen religiösen Vereinen befinden als er selbst; er betrachtet ihr Recht, zu wählen, als eine Art der persönlichen Freiheit, welche er selbst schätzt. Es ist nichts Ungewöhnliches, Mitglieder einer Sekte zu finden, die zum Unterhalt von Kirchen beitragen, denen sie nicht angehören. Der Amerikaner hat nämlich gewöhnlich das Gefühl, daß die Kirche — irgendeine Kirche — unterstützt werden muß als ein für das Wohl der Allgemeinheit wichtiges Institut.

3. Der Durchschnittsamerikaner hat einen sehr großen Glauben an die Demokratie. Es besteht nicht der Klassengeist, den man in Europa findet. Klassenunterschiede sind nicht scharf ausgeprägt, wenn man das ganze Land in Betracht nimmt und im allgemeinen herrscht unter Amerikanern ein gewisses kameradschaftliches Gefühl. Dazu kommt vielfach ein überwiegend guter Humor und ein Geist der Nachbarlichkeit; dem können wir auch bis zu

einem gewissen Grade das rege Gemeingefühl und die Großmütigkeit zuschreiben, die wohlhabende Männer, was auch immer ihre Herkunft oder eigentliche Erziehung gewesen sein mag, veranlaßt, freigebig von ihren Mitteln für philanthropische Gründungen oder zur Ausschmückung ihrer Stadt Gebrauch zu machen. Klassenunterschiede gibt es in Amerika, wie überall, aber die trennende Mauer ist keine hohe. Es ist ganz natürlich, daß in den neueren Staaten das Klassengefühl noch weniger ausgeprägt ist als im Osten.

4. Das Interesse des Amerikaners geht vielfach in der materiellen Ausbeutung des Landes auf. Es scheint ihm von der höchsten Bedeutung zu sein, daß sein weites Land dazu gebracht werde, den ganzen Reichtum, den er darin verschlossen fand, herzugeben. Der Preis, der zu gewinnen war, ist verlockend gewesen, und die Anstrengung, Erfolg zu erringen, hat manchmal seine ganze Kraft und Aufmerksamkeit in Anspruch genommen. Sie hat sogar manchmal und an manchen Orten seine anderen normalen Interessen — ethische, religiöse und sogar politische — gehemmt. Angereizt bis zum höchsten Grade, jeden Nerv anspannend, um seine Mitbewerber zu überbieten, ist er in gewissen Augenblicken nicht nur gegen seine eigene Gesundheit und Glück, sondern auch gegen andere rücksichtslos gewesen, indem er wie eine von übernatürlicher Kraft betriebene Maschine arbeitet.

Es ist ein Glück für Amerika, daß dieses Interesse für materielles Wohlbehagen nicht überall und immer so stark zutage tritt.

5. Der Amerikaner ist als Ergebnis der amerikanischen Lebensbedingungen und der Hilfsquellen des Landes ein eingefleischter Optimist. Er hat großes Vertrauen in die Zukunft und läßt sich durch frühere Mißerfolge nicht leicht entmutigen. Ist er unglücklich gewesen? Sein Glück kann sich morgen ändern. Hat er in einem Berufe oder in einem Teile des Landes keinen Erfolg gehabt, so kann er etwas anderes aufnehmen oder an einen anderen Ort ziehen. Dieser Geist kennzeichnet hauptsächlich den Westen, wo das Land weniger entwickelt ist und die Gelegenheiten, die sich einem energischen Manne bieten, zahlreicher sind. Nichtsdestoweniger mag er als bezeichnend für das amerikanische Leben im allgemeinen betrachtet werden. Der Amerikaner hat wenig Zeit für Weltschmerz. Er ist von Unternehmungslust besessen, und seine Hoffnungsfreudigkeit führt ihn oft dazu, ein großes Risiko

auf sich zu nehmen und sich auf das gefährliche Gebiet der Spekulationen zu begeben. Dieser Spekulationsgeist kann sogar in Kreisen beobachtet werden, wo man ihn kaum erwarten würde. Der Winter 1912 war eine Zeit der größten Unruhe unter den Angestellten der New Yorker Hotels, und Streike und Gerüchte von Streiken schienen die Luft zu erfüllen. Ich fragte meinen sehr intelligenten deutschen Kellner, warum so viel Unzufriedenheit herrsche. Er meinte, die Arbeit wäre schwer und die Lebensbedingungen nicht in jeder Hinsicht angenehm; aber der Lohn wäre gut, viel höher als die Summen, die die Leute, meistens Ausländer, jemals verdient hätten. Er selbst lebe behaglich von einem Drittel seines Einkommens und lege zwei Drittel als Kapital zurück. »Aber«, fügte er hinzu, »den meisten geht es nicht so gut wie mir. Wenn sie etwas Geld bekommen, so spekulieren sie in Aktien, die sie heute kaufen in der Hoffnung, ihr Geld in der nächsten Woche verdoppeln zu können; und sie verlieren fast immer. Wenn sie verlieren, sind sie natürlich unzufrieden.« Die Aktien, die er erwähnte, waren zwei der unsichersten auf dem New Yorker Markte. Als Sekretär eines Kellnervereins in New York kannte er die Verhältnisse gut.

Ehe ich das Thema über den Optimismus des Amerikaners verlasse, muß ich hervorheben, daß er sich nicht nur in seinen persönlichen Angelegenheiten und in seinen Hoffnungen auf materiellen Erfolg äußert. Vor allem ist der Amerikaner optimistisch im Hinblick auf die Zukunft seines Landes; er baut darauf, daß es zur rechten Zeit allen Stürmen Trotz bieten und sicher und glücklich sein wird. Daß wir noch ungelösten Problemen gegenüberstehen, gibt er bereitwillig zu. Aber seine Hoffnungsfreudigkeit im allgemeinen und der beispiellose Wohlstand, dessen sich das Land im großen ganzen in der Vergangenheit erfreuen durfte, geben ihm den Glauben, daß die Fragen, wenn sie brennend werden, allmählich auf irgendeine Weise gelöst werden. Er macht sich in der Regel keine Sorgen um die ferne Zukunft. Dazu ist er viel zu sehr mit der Gegenwart beschäftigt. Manchmal halten europäische Beobachter seine Probleme für ernster, als er selbst sie anzusehen geneigt ist.

6. Es ist für mich nun an der Zeit, eine Seite des amerikanischen Lebens zu berühren, welche sogar dem oberflächlichen Beobachter aus europäischen Ländern in die Augen fällt, und das ist die Spannung,

unter der der typische Amerikaner lebt. Das Leben ist im allgemeinen anstrengend und hastend. Der Arbeiter wird gut bezahlt, er wird aber von denen, die über ihm stehen, angetrieben. Vom kaufmännischen Angestellten erwartet man schnelles Arbeiten. Überall sucht man die Zahl derjenigen, welche zur Vollendung einer Arbeit erforderlich sind, zu beschränken. Es wird in der Fabrik, im Laden, im Hotel, auf der Straße gehastet, und diejenigen, welche für sich selbst arbeiten und nicht von ihren Vorgesetzten angetrieben werden, teilen diese allgemeine nervöse Spannung und treiben sich selbst an.

Der typische amerikanische Millionär ist ein schwer arbeitender Mann, der sich aus Gewohnheit und Übung beschäftigt, auch wenn keine Verpflichtung zur Arbeit ihn dazu treibt. Die Männer ziehen sich nicht ins Privatleben zurück, wenn sie ihr gutes Auskommen haben, wie das in Frankreich der Fall ist. Sie bleiben im Geschirr. Und wenn sie sich zurückziehen, so sind sie ruhelos, wenn sie sich nicht irgendwie beschäftigt halten können. Ich will Ihnen hier ein bezeichnendes Beispiel dafür geben. Ein sehr reicher Amerikaner, der sich im Alter von 50 Jahren von seinen ausgedehnten Geschäften zurückgezogen hatte, gestand mir einige Jahre später, daß sein Gewissen ihn beunruhige, wenn er am Samstag abend vor 7 Uhr das Bureau verließe, das er in der Stadt unterhielt, um von dort aus seine finanziellen Interessen leiten zu können. Nahe bei der Stadt besaß er ein schönes Gut, wo er, wie man annahm, lebte, das er aber nur nachts oder am Sonntag sah. Um seine zwanzig schönen Pferde zu reiten oder zu fahren, fand er keine Zeit.

Gewiß, wer ein friedliches Dorf im Nordosten des Landes besucht, von dem die meisten jungen Männer Abschied genommen haben, um sich ein besseres Feld für ihre Energie zu suchen, und welches im Schatten seiner schönen, alten Ulmen im Schlaf zu liegen scheint, wird einen Platz finden, der ihm ruhevoll und unveränderlich erscheint. Und es gibt Distrikte im Süden, wo das Leben so ruhig ist, als es nur irgendwo sein kann. Aber dies sind stille Ecken; sie teilen nicht das typische Leben Amerikas, das wohl reizvoll, aber gewöhnlich anstrengend und unruhig ist.

7. Endlich möchte ich das starke Interesse des Amerikaners am direkt Praktischen erwähnen. Europäer behaupten, daß in den Ver-

einigten Staaten abstrakte, ideelle und ästhetische Interessen den praktischen untergeordnet seien. Es liegt etwas Wahrheit in dieser Behauptung, und es wäre erstaunlich, wenn es nicht so wäre. Der Amerikaner mußte einen Erdteil sich unterwürfig machen; er war und ist noch immer eher ein Mann der Tat, als einer, der sich Betrachtungen hingibt. Zur Pflege des Schönen hat er sich bis jetzt wenig Zeit gegönnt. Er liebt das Wort »praktisch« ebensosehr wie der Münchener das Wort »Kunst«, und da er die Schwäche seiner Landsleute für das Wort kennt, gebraucht er es manchmal für unglaubliche Zwecke. So habe ich zum Beispiel Leute auf ihre Firmenschilder schreiben sehen: »Praktischer Friseur«, »Praktischer Hufschmied«, »Praktischer Anstreicher«.

Eine amüsante Versinnbildlichung des zwischen einem Amerikaner und einem Deutschen bestehenden Kontrastes lieferte ein Wagen, den ich vorigen Winter mehreremal in New York sah. Er war mit Werkzeugen ausgerüstet, um Messer und Scheren zu schleifen, und fuhr, Kundschaft suchend, den Broadway auf und ab. Der Besitzer, ein Deutscher, empfahl sich den Amerikanern durch ein Schild, das die Inschrift »Praktischer Schleifer« trug, während er für diejenigen seiner Landsleute, die noch den Traditionen ihres Vaterlandes hold waren, unter dasselbe in gotischen Buchstaben das Wort »Kunstschleiferei« setzte.

Man muß jedoch eine gewisse Vorsicht üben im Hervorheben des Interesses am Praktischen, welches den Amerikaner charakterisiert. Viele ideelle Interessen sind in dem Begriff des Praktischen enthalten, das keineswegs seine volle Bedeutung in der Erreichung materiellen Wohlbehagens sieht. So wird nichts von größerer praktischer Bedeutung erachtet, als die Erziehung zum Staatsbürger; und kein Land, nicht einmal Deutschland, tut mehr für die Erziehung seiner Bürger. Wie schon erwähnt, betrachtet es der Amerikaner als sehr wesentlich, Moral und Religion zu fördern. Er gibt bereitwillig für Einrichtungen, die diesen Zwecken dienen, sowie überhaupt für philanthropische Institute. Er glaubt an den Wert der allgemeinen Aufklärung und möchte öffentliche Bibliotheken in jedem kleinen und großen Zentrum der Bevölkerung errichtet sehen. Er erkennt mehr und mehr den Wert wissenschaftlicher Forschung und zeigt sich Forschungsinstituten gegenüber sehr freigebig. Wenn wir daher von seinen Interessen als vorwiegend praktischen sprechen, so dürfen wir nicht versäumen, unsere Behauptung zu begrenzen und zu erklären.

IV. Wie sich diese charakteristischen Züge fortgepflanzt haben.

Die Charakterzüge, die ich aufgezählt habe, können, glaube ich, wohl als nationale bezeichnet werden. Wie konnte es geschehen, daß dieser nationale Charakter sich über ein so großes Gebiet verbreitet hat, so daß der Amerikaner überall und unverkennbar der Amerikaner bleibt. Dieses Phänomen ist nicht so schwer zu erklären.

1. Man muß die politischen Bedingungen bedenken, unter denen der Amerikaner lebt — seine doppelte Lehenspflicht. Als die Vereinigten Staaten gebildet wurden, gaben die schon existierenden Staaten gewisse Anrechte an die Bundesregierung ab, behielten aber viele von ihnen unverändert zurück. Die Macht der Bundesregierung und die Rechte der verschiedenen Staaten wurden sorgfältig festgelegt und schriftlichen Konstitutionen einverleibt.

Jeder Staat kann alle Befugnisse eines souveränen Staates ausüben, mit Ausnahme derjenigen, die von ihm an die Bundesregierung abgetreten werden. Aber seine Verfassung darf keine Anordnung enthalten, welche den Anordnungen der Bundesregierung zuwiderläuft. Jeder Amerikaner ist also Bürger eines individuellen Staates und dessen Gesetzen unterworfen. Aber er ist zugleich ein Bürger der Vereinigten Staaten und der Bundesregierung gegenüber unmittelbar verantwortlich. Es ist schwierig, anderswo dafür eine Parallele zu finden. Die Bundesregierung hat mit jedem Bürger in jedem Staat direkt, nicht indirekt durch die Maschinerie der Staatsregierung Beziehungen. Die Gerichtshöfe und die Beamten der Vereinigten Staaten sind überall. Nirgends kann man vergessen, daß man ein Bürger der Vereinigten Staaten ist. Die Bundesbürgerschaft ist dem allgemeinen Empfinden nach so wesentlich und im Vergleich damit der Wohnsitz in diesem oder jenem Einzelstaat so nebensächlich, daß es sich die Leute kaum mehr überlegen, von einem Staat in einen anderen zu ziehen, als von einer Stadt in eine andere innerhalb der Grenzen eines Staates.

Als die Bevölkerung sich ausbreitete und neue Staaten gegründet wurden, wurden die wesentlichen Grundzüge der politischen Verfassung, unter der die Menschen lebten, auf die neueren Staaten übertragen. Das Recht zur Staatsbildung wurde nur unter gewissen Bedingungen verliehen. Kein Staat wurde in die Union aufgenommen, wenn seine Verfassung mit derjenigen der Vereinigten Staaten im Konflikt war. Überdies bestand eine natürliche Tendenz der neuen Staaten, alten Beispielen zu folgen, selbst da, wo sie unabhängiger hätten sein können. So findet der intelligente Beobachter trotz der Unterschiede in Gesetz und Sitte, welche die älteren und die neueren Staaten charakterisieren, überall den amerikanischen Bürger wieder, von denselben politischen Idealen belebt, am politischen Leben der Nation als Ganzes interessiert, an lokale Selbstverwaltung innerhalb der von einer geschriebenen Verfassung gestatteten Grenzen gewöhnt und doch frei bis zu einer begrenzten Ausdehnung, um die Eigenart des Bodens widerzuspiegeln, auf dem er lebt.

2. Es darf ferner nicht vergessen werden, daß die neueren Staaten von den älteren Staaten im Osten bevölkert wurden. Die Ansiedler vom Osten zogen in eine Gegend, welche sie nicht assimilieren konnte, denn sie war jungfräulicher Boden. Sie waren gezwungen, nicht nur ihre politische Einrichtung, sondern auch ihre moralischen, religiösen und sozialen Ideale mit sich hinüberzubringen. Sie nahmen sogar in ihrem neuen Heim das alte Leben wieder auf, an das sie gewöhnt waren, indem sie es der veränderten Lage anpaßten. Selbst im äußersten Westen, wo die Spanier versucht hatten, sich das Land zu eigen zu machen, fanden sie eine zu schwache Herrschaft und eine zu wenig energische Zivilisation vor, als daß diese sich selbständig hätte erhalten können.

Auch war es den neubesiedelten Teilen des Landes nicht möglich, lange genug abgeschlossen zu bleiben, um einen eigenen Charakter zu entwickeln. Amerikaner ziehen mit Leichtigkeit von einem Teile des Landes nach einem anderen. Junge Männer, die das Empfinden haben, daß es im Osten an Gelegenheiten zum Vorwärtskommen fehlt, wandern nach der Mitte des Westens oder nach Westen. Das ganze Land ist von einem Eisenbahnnetz überspannt, und selbst diejenigen, welche nicht die Absicht haben, ihren Aufenthaltsort zu verändern, reisen beständig entweder der Geschäfte halber oder zum Vergnügen. Von einem der besten europäischen Kritiker amerikanischer Angelegenheiten ist bemerkt worden, daß in keinem Lande die Bevölkerung so gerne lange Reisen macht. So sieht z. B. eine Familie in St. Louis es für eine Kleinigkeit an, ihre Sommerferien an der Küste von New Jersey zuzubringen, eine Entfernung von fast 2000 Kilometern.

Die zwischenstaatliche Einwanderung ist und war immer sehr groß. Jeder Staat hat unter seinen Einwohnern Leute, die in irgendeinem der anderen Staaten gelebt haben. In einigen der neuesten Staaten stammt die große Masse der Bevölkerung aus anderen Staaten. So waren in Oklahoma im Jahre 1900 nur 15% der Einwohner ortsgebürtig, und im gleichen Jahre lebte ein Fünftel der gesamten Eingeborenenbevölkerung der Vereinigten Staaten in anderen als ihren Geburtsstaaten. Viele unter ihnen waren mehr als einmal von Staat zu Staat gewandert. Wenn wir solche Tatsachen in Betracht ziehen, wird es uns nicht überraschen, daß wir in allen Teilen des weiten Gebietes der Vereinigten Staaten ein Volk finden und einen vorherrschenden Typus des nationalen Charakters. Isolierung ist etwas Unbekanntes, und der Neigung zur Absonderung wird überall Einhalt geboten.

3. Der Einfluß der politischen Parteien, der die Amerikaner in den verschiedenen Teilen des Landes vereint, darf nicht übersehen werden. Die beiden großen politischen Parteien, die republikanische und die demokratische, erstrecken sich über das ganze Land, wenngleich die eine oder die andere in dieser oder jener Staatengruppe stärker sein mag. Jede Partei versucht in jedem Staat sich Anhang zu suchen. Tatsächlich sind die Parteien Volksparteien, und sie wenden sich an das Volk als Ganzes.

Es muß betont werden, daß die Parteien nicht soziale Klasseneinteilungen darstellen. So haben wir, obgleich im Norden die Anhänger der republikanischen Partei im ganzen, mit vielen Ausnahmen, die wohlhabenderen Klassen vertreten und die Anhänger der demokratischen Partei unter den einfacheren Volksklassen zu suchen sind, gerade den entgegengesetzten Fall im Süden. Der Wettstreit der beiden Parteien ist also keineswegs ein Kampf zwischen sozialen Klassen, noch ist er in den meisten Teilen des Landes ein erbitterter. Er hindert eine einflußreiche Schicht nicht, unabhängig für die Kandidaten irgendeiner Partei zu stimmen, da, wo Fragen der allgemeinen Politik oder des persönlichen Charakters wichtiger erscheinen als parteipolitische Gefolgstreue.

Es ist ferner zu bemerken, daß die Parteien nichts mit Religion zu tun haben. Der Amerikaner hat, wie ich schon betonte, eine Achtung vor der Religion und weiß ihren Wert für das Leben des Gemeinwesens wohl zu schätzen. Aber er betrachtet die Religion als eine private und persönliche Angelegenheit und ist sehr mißtrauisch gegen ihre Vermischung mit politischen Angelegenheiten.

Die Parteiregierung der Amerikaner ist daher eher ein zur Einigung als zur Trennung beitragender Einfluß. Alle Bürger besprechen die Bundeswahlen, hören dieselben Argumente an und denken dieselben Gedanken. Der New Yorker kann daher politisch mehr Sympathie für den Bewohner San Franziskos hegen als für seinen Nachbar über dem Fluß in New Jersey.

4. Wenn man endlich die Verbreitung eines amerikanischen Typus in allen Teilen der Union erklären will, so muß man bedenken, daß die Lebensbedingungen der älteren und neueren Staaten immer noch nicht ganz verschieden sind.

Die ursprünglichen Amerikaner, welche diesen Typus begründeten, waren energische Männer, die sich einen Weltteil zu unterwerfen hatten. Die, welche nach dem Westen zogen, fingen von neuem ein Pionierleben an, nicht unähnlich dem, das einst überall im Osten vorherrschte. Und doch sind die Lebensbedingungen sogar im Osten, obgleich älter und entwickelter, nicht eigentlich europäisch. Es herrscht im ganzen mehr Bewegung, mehr Abwechslung, mehr rastlose Tätigkeit. Für diejenigen, welche Energie besitzen, ist mehr Gelegenheit zum Vorwärtskommen vorhanden als in den meisten Staaten Europas. Die Hilfsquellen des Landes sind nur zum Teil ausgenützt. Neue Bedingungen und neue Probleme tauchen immer wieder auf und verlangen neue und rasche Erledigung. Der Durchschnittsmensch, der das zu übersehen vermag, kann seine Talente entweder im Osten entfalten, oder er zieht nach dem Westen, und da ist Platz und sogar reichlich. Männer werden gebraucht, und sie fühlen, daß sie gebraucht werden; das führt zur Entwicklung des für den Amerikaner so charakteristischen Unabhängigkeitssinnes und zur Unternehmungslust. Es ist sogar im Osten für den echten Amerikaner Platz. Den von mir aufgeführten Ursachen ist es zuzuschreiben, daß trotz des Einflusses der lokalen Verhältnisse und der enormen Ausdehnung des Landes ein sogenannter eingeborener amerikanischer Charaktertypus besteht. Er ist ein unabhängiger, energischer, rastloser, praktischer Typus. Er ist stark patriotisch und wird im großen ganzen durch moralisches und religiöses Gefühl gekennzeichnet. Er ist optimistisch und lebt eher in der Zukunft als in der Gegenwart. Er fühlt die Kraft in sich, die Europäer, die in die Vereinigten Staaten kommen, um ein neues Leben anzufangen, zu assimilieren und zu amerikanisieren.

V. Einige falsche, wenn auch begreifliche Auffassungen des Europäers.

Gewisse charakteristische Eigenschaften des Amerikaners nimmt der Europäer leicht wahr; andere werden indessen nicht so leicht erkannt. So wird es vielen Europäern schwer fallen, im Amerikaner einen ziemlich ordentlichen, dem Gesetz sich unterwerfenden und in wichtigen Angelegenheiten im großen ganzen konservativen Mann zu erblicken, obwohl dies ja gerade die Qualitäten sind, welche man von einem vorwiegend praktischen Charakter erwarten darf. Die breite Masse der Amerikaner wünscht Ordnung und beständige ökonomische Bedingungen, die sie instand setzen, die Ziele zu erreichen, die sie sich gesteckt haben. Sie leben unter einem ziemlich starren System geschriebener Verfassungen, das sich nicht leicht ändern läßt, so daß sie ungeachtet des Lärms, den gewisse Individuen und gewisse Parteien schlagen, nur geringe Furcht vor revolutionären Neuerungen haben. Die Masse des Volkes erfreut sich materiellen Wohlseins. Ein großer Teil der untersten Klassen besitzt etwas Eigentum und hofft noch viel mehr zu bekommen. Sie wollen sich ihre Rechte nicht vergewaltigen lassen.

Nichtsdestoweniger gibt es Gründe, weshalb Europäer diese Dinge übersehen und sich eine falsche Vorstellung über den amerikanischen Charakter und das amerikanische Leben machen können.

1. Lassen Sie mich zuerst den Einfluß der Auffassung erwähnen, welche von den neubesiedelten Teilen des Landes, wo das Leben noch rasch und wild ist, herkommt. Das Land von Bret Hartes Helden ist nicht Amerika, es ist das neuangesiedelte Amerika und der Sitz eines verschwindenden Typus, des übertriebenen Amerikaners. Daß überhaupt noch eine derartige Gesetzlosigkeit, wie sie in gewissen westlichen Staaten vorkommt, existiert, ist größtenteils einer Ursache zuzuschreiben, die der Europäer unterschätzt: dem Nachdruck,

den der Amerikaner auf das Recht der Selbstregierung legt. Jeder Staat ist für die Aufrechterhaltung der öffentlichen Ordnung innerhalb seiner Grenzen verantwortlich. Das wird nicht als die Sache der Bundesregierung betrachtet. In spärlich bewohnten und wenig entwickelten Staaten ist Leben und Eigentum nicht so sicher wie in anderen. Aber der Amerikaner fühlt, daß es in der Macht des Volkes liegt, sich eine größere öffentliche Sicherheit zu schaffen, wenn es sein Wille ist und es für die Ausgaben aufkommen will. Es besteht keine Neigung, Zuflucht zu einem bundesstaatlichen Polizeisystem zu nehmen, wie das in Kanada der Fall war. Es ist aber unter solchen Bedingungen leicht verständlich, daß man das, was man von Neu-Mexiko oder Arizona liest, nicht als typisches Bild des allgemeinen amerikanischen Lebens auffassen darf.

2. Eine andere Ursache der falschen Auffassung von seiten des Europäers ist in der schlechten Verwaltung großer Städte der Vereinigten Staaten zu suchen. Diese Städte sind mit enormer Geschwindigkeit gewachsen. Massen noch nicht assimilierter Ausländer sind zugezogen und ohne Schwierigkeit zu skrupellosen politischen Werkzeugen benutzt worden. Diese Einwanderer, die in den großen Städten bleiben, besonders in New York, dem großen Eingangshafen, sind daher nicht das beste Element unserer ausländischen Bevölkerung. Die energischeren und charaktervolleren suchen ihre Heimstätte anderswo. Die schwachen und charakterlosen werden durch ihr Dableiben leicht eine Bürde für die Stadtobrigkeit. Auch ist das amerikanische System der Parteiregierung kein Erfolg, wenn auf das munizipale Leben angewandt. Man sieht den Amerikaner, glaube ich, von seiner schlimmsten Seite, wenn man ihn als städtischen Politiker betrachtet. Die Verwaltung der großen amerikanischen Städte stellt daher ein Problem dar, das noch sehr unvollkommen gelöst ist.

Es sollte aber die Schwierigkeit des Problems in Betracht gezogen werden, wenn man den Grad des Erfolges, der bereits erreicht worden ist, beurteilt. Ich wünschte, ich könnte Sie alle für einen Tag nach New York versetzen, Sie mit mir in die Untergrundbahn nehmen, mit Ihnen durch das italienische Viertel gehen, Sie die Massen Neuankommender aus Rußland sehen lassen, die durch die Straßen der Ostseite schwärmen; Sie zwischen 6 und 7 Uhr abends an den Kopf der großen Brooklinbrücke bringen, um die zahllosen Horden zu besichtigen, die jeden Abend New York verlassen, um am nächsten Morgen wiederzukehren. Ich wünschte, ich könnte Ihnen zeigen, wie die großen Tunnel Menschenmassen verschlingen oder ausspeien, diese großen Durchführungen unter dem Hudsonfluß, die New York täglich in New Jersey ausleeren helfen. Ich möchte Ihnen die neue Stadt, denn ich kann es nur eine Stadt nennen, vorführen, die in einem Zeitraum von drei Jahren während meiner beiden letzten Besuche in Amerika im Nordviertel von New York entstanden ist. Wie kann eine solche Stadt wie New York verwaltet werden? Sie ist wie ein großes internationales Hotel mit einer ruhelosen, anwachsenden, sich verändernden Bevölkerung. Um einen Begriff zu bekommen, was sie ist, muß man sie sehen; sie kann nicht beschrieben werden. Aber New York ist nicht Amerika, noch ist es, wie die durchschnittliche amerikanische Stadt von mäßiger Größe. Es verkörpert nicht eigentlich das amerikanische Leben; es ist nur in anderer Art so sehr eine Übertreibung wie eine Grubenstadt im fernen Westen.

3. Ferner sollte ich die neuen Probleme nicht ganz unerwähnt lassen, welchen die Amerikaner gegenüberstehen, nämlich die Entstehung von Zuständen, die das Aussehen des amerikanischen Lebens bis zu einem gewissen Grade zu verändern drohen. Ich möchte sie hier nur erwähnen, da sie in anderen Vorträgen in der Folge besprochen werden. Wir sind schnell zu einer reichen Nation geworden und haben eine rasche industrielle Entwicklung durchgemacht. Die Truste sind entstanden, und die Beziehungen zwischen Arbeit und Kapital haben sich stark verändert. In manchen Distrikten hat, wie es den Amerikanern erscheint, die Einführung zahlreicher ausländischer Arbeiter sehr unangenehme und ungesunde soziale Zustände geschaffen. Welches wird die Wirkung solcher Zustände auf unser nationales Leben und unseren Charakter sein? Mißbräuche, für die es keine unmittelbare Abhilfe zu geben scheint, sind sicherlich entstanden. Ich möchte jedoch daran erinnern, daß diese Mißbräuche in ihrer schlimmsten Form das Ergebnis von Umwälzungen sind, die eben erst eingetreten sind, und daß manche von ihnen nur das Ergebnis lokaler Zustände darstellen. Wenn man das amerikanische Leben als ein Ganzes beurteilt und seine voraussichtliche Zukunft, so dürfen diese Tatsachen nicht außer acht gelassen werden. Der Amerikaner selbst betrachtet die obenerwähnten ungesunden Zu-

stände nicht als etwas Beständiges, dem er sich anpassen muß. Er glaubt, daß ein Mittel dagegen gefunden werden wird und muß.

4. Endlich möchte ich als reiche Quelle der Mißverständnisse von seiten der Europäer die sensationellen und oft radikalen Ausführungen einiger amerikanischer Zeitungen erwähnen. Die Presse erfreut sich in den Vereinigten Staaten einer fast vollkommenen Freiheit. Wenn der Journalist nur das vermeidet, was die öffentliche Moral verletzen könnte, so kann er so ziemlich alles schreiben, was ihm Spaß macht. Diese Freiheit, die der Amerikaner als eine der Garantien aller seiner Bürgerrechte schätzt, artet, wie es nicht anders zu erwarten ist, zuzeiten in Zügellosigkeit aus. Die sensationellen Seiten von Nachrichten werden bevorzugt, wobei manchmal grobe Übertreibung herrscht. Der mit den allgemeinen Lebensbedingungen der Vereinigten Staaten vertraute Amerikaner ist sich wohl bewußt, daß er unter einem gesicherten Regierungssystem lebt; es fällt ihm im großen ganzen leicht, in Sicherheit zu leben, und er sieht der Zukunft mit Vertrauen entgegen; er liest die aufgeregten Ausführungen einiger Zeitungen mit lächelnder Toleranz und denkt nicht im Schlafe daran, sie ernst zu nehmen. Der Europäer kann dies nicht tun. Die Abrisse amerikanischer Nachrichten, welche an deutsche Zeitungen gesandt werden und Bilder des amerikanischen Lebens entrollen sollen, sind keineswegs zutreffend. Sollte ich meine Meinung von meinem eigenen Lande mir nach den Auszügen aus den europäischen Zeitungen, die ich, seit ich in Deutschland bin, gelesen habe, bilden, so wäre ich versucht, die Vereinigten Staaten wirklich »das Land der unbegrenzten Möglichkeiten« zu nennen. Es ist ganz natürlich, daß aus den paar Wolkenkratzern, welche die Menschheit in Erstaunen versetzen, viel gemacht wird, und daß dabei die zahllosen Gebäude von normaler und mäßiger Höhe übersehen werden. So ist es auch ganz natürlich, daß das, was ungewöhnlich und sensationell im amerikanischen Leben ist, berichtet und besprochen wird, und daß das normale Leben des Durchschnittsamerikaners wenig Aufmerksamkeit auf sich zieht.

Ich hoffe, daß es mir gelungen ist, Ihnen den eingeborenen Durchschnittsamerikaner vorzuführen, so, wie er ist.

Zum Schluß bitte ich noch, einige Worte sagen zu dürfen, die Stellung des Amerikaners zu dem Fremden betreffend, der an seine Tür klopft und um einen Platz unter den Amerikanern bittet. Das

Land braucht noch Männer, um seine Arbeit zu leisten und seine Hilfsquellen zu erschließen. Es heißt Einwanderer willkommen. Natürlich möchte der eingeborene Amerikaner Einwanderer aus gewissen Teilen von Europa lieber haben als aus anderen. Keine Klasse wird herzlicher willkommen geheißen, als diejenige, die zu uns aus Deutschland kommt. Sein dem Gesetz sich fügender, ordentlicher, arbeitsamer Sinn hat den Deutschen in jeder Gemeinschaft, in die er gekommen ist, geschätzt gemacht. Es wird nur eines bedauert, nämlich, daß die Deutschen, denen es in der Heimat gut geht, jetzt in so geringer Anzahl zu uns kommen. Die Zahl der deutsch-amerikanischen Bürger, die wir bereits besitzen, hat in nicht geringem Maße zum Wohlstand unseres Landes beigetragen. Sie sind gute und nützliche Bürger.

Und ihr natürliches Interesse für das große Land, das sie verließen, wird immer, so hoffe ich, ein starkes und bleibendes Band herstellen zwischen zwei großen Völkern, deren Nationalcharakter, Ideale und gemeinsame Interessen sie in der kommenden Zeit zu nahen Freunden und Mitarbeitern an der Zivilisation und Menschheit machen sollten. Jeder kann von dem anderen etwas lernen, und jeder kann dem anderen etwas geben. Möge jeder sich freundschaftlich, freigebig und großzügig erweisen.

II.
Die Einwanderungs- und Siedlungspolitik in Amerika
Von Dr. Carleton H. Parker

IN der Zeit zwischen Juli 1819 und Juli 1910 wanderten 24 500 000 Europäer in die Vereinigten Staaten ein. 15 000 000 davon oder 63 % kamen aus Nord- und Westeuropa, 9 500 000 oder 37 % aus Süd- und Osteuropa. In dieser Periode wanderten in die Vereinigten Staaten ein: 5 400 000 Deutsche, 4 200 000 Irländer, 3 200 000 Österreicher, 3 100 000 Italiener, 2 400 000 Russen, 2 200 000 Engländer, 1 230 000 geborene Kanadier, 330 000 Chinesen, 160 000 Japanesen. Heute zeigt die amerikanische Einwanderung noch die Tendenz, die Ziffern auf dieser Höhe zu erhalten. Zwischen 1900 und 1910 nahmen die Vereinigten Staaten 8 800 000 Einwanderer auf. Beobachtungen für 1908, 1909, 1910 zeigen, daß die Vereinigten Staaten im Durchschnitt 39 % von diesen Einwanderern durch Auswanderung wieder verlieren. Die Nettoeinwanderungszahl für diese zehn Jahre beträgt deshalb rund 5 370 000 oder 537 000 jährlich.

Diese Einwanderer müssen in ihrer Beschäftigung zwischen Industrie und Landwirtschaft wählen. In den alten Tagen der 70er und 80er Jahre ging ein großer Prozentsatz der Einwanderer zur Landwirtschaft, weil ein reicher Boden billig oder fast umsonst zu haben war und keine bedeutende Nachfrage nach Arbeitskräften seitens der jungen Industrie existierte. Auch die Selbständigkeit und politische Kraft dieser nordeuropäischen Einwanderer zog sie zu dem freieren Leben eines landbesitzenden Farmers hin. Nord- und Westeuropa lieferten an Amerika 1820 93 % seiner Einwanderer, 1870 82 %, 1890 noch 75 %. In der amerikanischen Landwirtschaft gab es 1900 2 105 700 im Ausland geborene Männer; von diesen waren 30 % Kanadier, Engländer, Irländer und Walliser. Die Zahl der Deutschen allein betrug 775 200 oder 37 %; darunter waren 63 % landbesitzende Farmer oder Pächter. Als billiges Land um 1900 seltener und entlegener wurde, begannen durch eine merkwürdige Verkettung von Umständen die weniger intelligenten, ungelernten Einwanderer aus Süd- und Osteuropa das Übergewicht zu gewinnen, nicht aus Freiheitsdrang, sondern von dem unklaren Wunsche getrieben, ihre materielle Lage zu verbessern, wenn sie nicht bloß von den Agenten der Dampfschiffgesellschaft begeistert und verlockt wurden. Im Jahre 1820 schickten Süd- und Osteuropa nur 2,8 % der amerikanischen Einwanderer, 1880 8,3 %, aber 1910 71 %, und in diesem Jahre, 1910, fiel der Prozentsatz für Nord- und Westeuropa, der 1890 75 % gewesen war, auf 19,4 %. Der Prozentsatz der Frauen unter den Einwanderern sank von 40 % im Jahre 1867 auf 31 % 1910 herab. Die heutigen Einwanderer sind unverheiratete Gelegenheitsarbeiter geworden; diese sogenannte »neue Einwanderung« bildet den wichtigsten Gegenstand der ökonomischen Diskussion unserer Tage. Von den 7 050 000 Einwanderern zwischen 1899 und 1908 waren 82 % ausschließlich ungelernte Tagelöhner.

Diese neue Einwanderung des 20 sten Jahrhunderts zeigt eine Neigung, ihre entferntere Zukunft zu opfern, welche besser durch geduldige Landarbeit zwecks Erwerb einer Farm gesichert wäre als durch augenblicklich hohe Geldlöhne der industriellen Arbeit, welche unter gesundheitsgefährlichen Arbeitsbedingungen angeboten wird. Wenn aber dieser Zufluß von Einwanderern in industrielle Arbeit lange genug fortgedauert haben wird, so wird wohl der Wettbewerb unter diesem großen internationalen unorganisierten Proletariat vorherrschend europäischer Landarbeiter die Anziehungskraft des industriellen Gebietes für die Einwanderer ernstlich vermindern. Die ursprünglich einem Einwanderer gebotenen Vorteile, die ihn zur Industrie gezogen haben, werden sich nach und nach verringern im Vergleich zu den Vorteilen, welche die amerikanische Landwirtschaft bieten könnte; deshalb dürfte ein Zurückströmen der Einwanderungsflut in die Landwirtschaft stattfinden. Zunächst hat die Einwanderung die Lage des amerikanischen industriellen Arbeiters unheilvoll beeinflußt.

Die Einwirkung der eingewanderten Tagelöhner auf die amerikanische industrielle **Technik und Entwicklung** gewann ihre starke Ausdehnung ungefähr um die Zeit der Gründung des Stahltrusts (1901). Von dieser Zeit an kann man sagen, daß die großen amerikanischen Stapelindustrien, wie Eisen und Stahl, Fleisch, Petroleum, Wolle und Baumwolle, Möbel, Zigarren, Konfektion usw., ihre Technik entwickelt haben, fast ausschließlich in der Absicht, die **billigen, gewerkschaftsfreien, ungelernten Einwanderer, Mann, Frau und Kinder, als Hauptarbeitskraft nutzbar zu machen.** Im Jahre 1900 waren in der Baumwollindustrie in den Vereinigten Staaten beschäftigt 135 700 Männer, 126 900 Frauen und 40 300 Kinder; 54 % der Arbeiter waren Frauen und Kinder. Im Jahre **1850** waren in dieser Baumwollindustrie erst 59 200 Frauen beschäftigt,

1890 106 600, 1900 126 900; 1890 erst 23 430 Kinder, 1900 40 250. In der Schuhindustrie in dem Staate Massachusetts waren 1900 48 670 Männer, 38 900 Frauen. — In der Zigarrenindustrie waren in den Vereinigten Staaten 1870 21 400 Männer, 2610 Frauen, 1905 72 970 Männer, 57 170 Frauen tätig. Der Prozentsatz der beschäftigten Frauen stieg von 10 % im Jahre 1870 auf 42 % im Jahre 1905. Selbst in der Fleischindustrie sind 10 % der Arbeiter Frauen. — In der Konfektion, einer Art Fabrikbetrieb, die in New York, Chicago und Philadelphia konzentriert ist, waren 1900 138 700 Männer und 243 930 Frauen beschäftigt. Diese Verwendung von Einwanderern führte zu dem Kriege gegen die Gewerkschaften und zu deren Vernichtung in den trustbeherrschten Industrien. Im Jahre 1900 schlossen die verschiedenen Stahlwerke, die ein Jahr später zum Stahltrust wurden, Arbeitsverträge mit zwei Dritteln ihrer 125 000 Arbeiter. Im Jahre 1910 schloß der Stahltrust nicht nur keinen einzigen Vertrag auch nur mit einer Gewerkschaft unter seinen 260 000 Arbeitern, sondern hatte seine Werke rücksichtslos von jeder Form einer Arbeiterorganisation gereinigt.

Gewerkschaften existieren heute in Amerika nur in den Industrien, die an der Peripherie der trustinfizierten Gebiete liegen, wo die notwendige technische Ausbildung die Verwendung der ungelernten eingewanderten slawischen Agrararbeiter unmöglich gemacht hatte, z. B. im Baugewerbe, im Eisenbahntransport. Die industrielle Nutzbarmachung der Einwanderer hat die Reallöhne, nicht die Geldlöhne für ungelernte Arbeiter auf das europäische Niveau herabgedrückt und die Arbeitsbedingungen in vielen Industrien weit schlechter gemacht als in Europa. John R. Commens, Professor der Volkswirtschaft an der Universität Wisconsin, weitaus der beste Kenner der Arbeiterfrage in Amerika, sagte 1908: «Die Lage der Arbeiter in Amerika ist gegenwärtig so schrecklich, daß, wenn die Einwanderung unmöglich gemacht oder zum Teil eingeschränkt würde und damit den amerikanischen Gewerkschaften Gelegenheit gegeben würde, die zersplitterte Masse der Einwanderer zu erziehen und zu organisieren, der blutige Klassenkampf in Amerika ohne Zweifel innerhalb einer Generation kommen würde.»

Die Abnahme der Vorteile, die den Einwanderern geboten werden, zeigt sich klar in dem Unvermögen Amerikas, seine Industriearbeiter in Krisenzeiten zurückzuhalten. Die Krisis kam Oktober 1907.

Im Jahre 1908 wanderten 395 000 Einwanderer aus den Vereinigten Staaten wieder aus, 1909 226 000, 1910 noch 202 400, 1911 295 000. Von den 1 118 000 Auswanderern dieser vier Jahre waren nur 2,9 % in der amerikanischen Landwirtschaft beschäftigt gewesen; 79 % waren ungelernte Industrie- und Gewerbearbeiter, und nur 10 % waren gelernte Arbeiter. Die Hauptfrage ist daher jetzt: Ist die Einwanderung bereit, sich von diesem unbefriedigenden industriellen Felde wegzuwenden und in die amerikanische Landwirtschaft zu strömen, wo die Gelegenheiten ohne Zweifel verhältnismäßig besser sind? Wenn jemand mich frägt, was für ein Interesse die Welt draußen, z. B. Deutschland, für die Entwicklung der inneren amerikanischen Politik hat, so antworte ich: ein großes Interesse aus zwei Gründen. Wenn Amerika seine Landwirtschaft entwickeln würde durch Verteilung der eingewanderten Millionen in das unmeßbare Gebiet mit unbebautem Land, in dem pazifischen Westen, im Mississippital, in den ungeheuren unausgebeuteten Südstaaten, ja sogar in New York, New Jersey, in Pennsylvania, so würde es allmählich den Charakter eines großen, stets mehr aufnehmenden Konsumenten europäischer Industrieprodukte annehmen (Textilwaren, Steinzeugwaren). Diese Bewegung würde ihrerseits die amerikanische Handelspolitik nachdrücklich beeinflussen und sie in die Richtung eines viel niedrigeren Tarifes lenken. Und zweitens: Was soll mit der europäischen Industrie geschehen, wenn die eingewanderten Millionen sich weiterhin in die amerikanische Industrie ergießen und die rasch sich entwickelnde Technik sowohl in der Anwendung von Maschinen als auch in der Organisation der Produktion die automatischen Prozesse vereinfachen und diesen billigen ungelernten Arbeiterüberfluß noch weiter verwerten wird? So hat z. B. in der Baumwollspinnerei die Reinspindel, die ein slawisches Kind bedienen kann, die Entlassung von Gewerkschaftsmitgliedern ermöglicht.

Die Industrien, die bemerkenswert für die Entwicklung einer besonders ausgedehnten, die Einwanderer ausnutzenden Arbeitstechnik sind, sind diejenigen, die von den amerikanischen Trusts beherrscht werden. Diese Trusts — und hier liegt das Schwergewicht — sind die Hauptexporteure der Vereinigten Staaten, sie sind ein Teil jener Konkurrenz, welche Deutschland und England in den Auslandsmärkten, in Südamerika, in Ostasien, zu bekämpfen haben. Es scheint heute sicher, daß die amerikanischen Industrieunternehmer im Begriffe stehen, nach den südamerikanischen, den ostasiatischen, ja selbst den europäischen Märkten mit einer Energie zu streben, welche die vergangene Handelstätigkeit Amerikas nicht ahnen ließ: der Panamakanal, die Sendung von Herrn Schuster nach Südamerika, das Finanzieren der mexikanischen Revolution und die Dollardiplomatie, kurz, der gesamte amerikanische Dollarimperialismus weist auf diese Absicht hin. — Interessiert die deutsche Industrie nicht die Frage, ob die amerikanische Landwirtschaft den billigen, eingewanderten Arbeiter, dessen Lohn die Höhe aller Löhne bestimmt, von der amerikanischen Industrie wegzieht und dadurch höhere Löhne und höhere Arbeitskosten für seinen Konkurrenten schafft?

Seitdem die Zunahme der geborenen Amerikaner ziemlich unbedeutend geworden ist, bleibt die Bevölkerungsverteilung in den Vereinigten Staaten von der mehr oder minder zufälligen Wahl des Bestimmungsortes der Einwanderer abhängig. Unsere wesentliche Frage ist daher: Wenden sich die Einwanderer in Amerika heute in einer solchen Menge zur Landwirtschaft, daß diese Bewegung für Industrie und Landwirtschaft von Wichtigkeit würde? Der Einwanderer, der Amerika beeinflussen kann, ist heute nicht mehr in der abnehmenden Flut aus Nord- und Westeuropa zu finden; diese haben meistens Milwaukee oder St. Louis als Bestimmungsort, wo sie Verwandte haben. Die Lösung unseres Problems liegt in den Fähigkeiten und den Absichten der Einwanderer aus Süd- und Osteuropa, der Nord- und Süditaliener, der Juden, der Polen, der Slowaken, der Böhmen, der Portugiesen und der französischen Kanadier. Wenn die amerikanische Landwirtschaft wachsen soll, muß es durch diese Rassen geschehen. Der Klarheit wegen teilen wir daher unsere Frage: Erstens: Haben diese Süd- und Osteuropäer die Fähigkeit, sich in amerikanische Farmer umzuwandeln? Und zweitens: In welcher Zahl siedeln sie sich in der Landwirtschaft an?

Betrachten wir die Rolle, welche die südeuropäischen Rassen in der amerikanischen Landwirtschaft spielen. Zuerst die Italiener. Obwohl die Einwanderung von Italien einen verhältnismäßig großen und zunehmenden Prozentsatz aller Einwanderer ausmacht und 60 % von ihnen aus Agrargebieten in Italien kommen, gehen wenige in die Landwirtschaft. 1900 waren nur 18 200 oder 6,2 % der in Italien geborenen Erwerbstätigen in den Vereinigten Staaten in der Landwirtschaft. Des weiteren war nur ein Teil von diesen 18200 Farmer oder Pächter, nämlich 7000; diese Zahl ist im Jahre 1910 nur auf 10 600 gewachsen. Die meisten Italiener, die nach Amerika kommen, sind arm; sie müssen Lohnarbeiter werden. Tagelöhnerarbeit in den großen Industrien bietet ihnen sofortigen Lohn, Behaglichkeit in Gesellschaft ihrer Stammesgenossen mit der Sicherheit ihrer eigenen Sprache. Der Hauptgrund, warum die meisten der 18 000 italienischen Landwirte in den Vereinigten Staaten Gemüsegärtner sind, ist ein sozialer: sie können hier Land und unmittelbare Nachbarschaft zu gleicher Zeit haben. Es ist bemerkt worden, daß die Isolierung einzelner italienischer Familien selbst unter günstigen Agrarbedingungen gewöhnlich zu einem Mißerfolg führt; dies gilt insbesondere für die Süditaliener. Es gibt 43 italienische Agrarkolonien, zerstreut durch die Vereinigten Staaten. Ihr Mangel an Selbstständigkeit und Individualismus hält sie in Gruppen, deren jede von einem Padrone beherrscht wird. Sie können keine italienische Ackerbautechnik nach Amerika bringen; sie verstehen nicht, mit Pferden umzugehen; deshalb müssen sie auf Handarbeit zurückgreifen. Die Größe der Farm, die sie bewirtschaften können, hängt dann von der Größe ihrer Familie ab, da sie ungern fremde Arbeiter anstellen.

Wenn man die amerikanische Landwirtschaft nimmt, wie sie ist, scheint es, als ob die Italiener keine große Zukunft dort hätten. Im Gegensatz zu den Polen und Böhmen haben sie keinen sogenannten »Landhunger«, sie bleiben in ihrem »Little Italy«, in ihrem »kleinen Italien» in der Stadt. Dies ist schade, weil die Zahl dieser Einwanderer so groß ist. Offenbar wird die amerikanische Landwirtschaft den süditalienischen Bauer nicht zur Landwirtschaft zurückrufen. Amerika ist daher nicht imstande, diese Einwanderer festzuhalten. Sie kommen im Frühling nach Pittsburg oder Chicago oder den New Jersey-Seidenfabriken, und im Herbste gehen 57% davon wieder nach Hause. — 1908, 1909 und 1910 wanderten 468 400 Süditaliener ein, und in derselben Zeit wanderten 249 400 oder 53 % wieder aus. — 80 600 Norditaliener kamen in den drei Jahren, 49 600 oder 61 % gingen. Die Italiener bieten ihren Fähigkeiten nach wenig Hoffnung für die amerikanische Landwirtschaft, die 18 200 Italiener in der Landwirtschaft fallen nicht ins Gewicht neben den 775 000

Deutschen. — Die schwankende Rolle, die sie in Amerika spielen, ist wahrscheinlich eine industrielle.

Die Juden in der amerikanischen Landwirtschaft haben eine seltsame Geschichte. Es ist charakteristisch, daß man als Materialquelle die Berichte der jüdischen Agrar- und Industriesozietät von New York heranziehen muß, welche Gesellschaft einen Teil der Baron-von-Hirsch-Stiftung verwendet, um Juden von den Städten wegzuziehen und auf dem Lande anzusiedeln. 1909 gab es in den Vereinigten Staaten 3040 jüdische Farmer, 75 % davon waren in New York, New Jersey und Neuengland. Diese Farmer sind meistens Juden aus Rußland, Rumänien und Galizien. Zahlreiche Kolonien sind für jüdische politische Flüchtlinge gegründet worden, aber fast alle gingen jämmerlich zugrunde. Die tausend jüdischen Farmer im Staate New York und in Neuengland haben fast ohne Ausnahme wichtige Nebenberufe, sie spekulieren in Land, sie hausieren oder empfangen Sommergäste. Ihre Landwirtschaft ist statistisch bekannt als Sommerhotel-Landwirtschaft. Das Mißlingen dieser künstlich auf billiges Land gepflanzten nichtagrarischen Juden wird jetzt völlig zugegeben; die jüdische Industriegesellschaft hat neuerdings eine Versuchsfarm eingerichtet, wo ihre Kolonisten gründlichen Unterricht erhalten, bevor sie auf eine Farm gesetzt werden. Der Jude ist nach Temperament und Erziehung kein Pionierfarmer, und im allgemeinen liefert er ein unbefriedigendes Experiment. Er scheint durchaus ungeeignet für die zahlreichen technischen Aufgaben der amerikanischen Landwirtschaft. Die jüdische Einwanderung ist dabei die stabilste. Von den 245 000 Juden, die 1908, 1909 und 1910 einwanderten, sind nur 19 000 oder 8 % wieder ausgewandert. Die Juden sind wie die Italiener ein großer Faktor in der Einwanderung, aber sie bieten wie jene keine Hoffnung auf eine Zunahme der landwirtschaftlichen Bevölkerung Amerikas.

Wenn wir die Polen betrachten, so betreten wir sofort vielversprechendes Gebiet.

Ähnlich wie der Deutsche und Engländer, gingen sie als Pioniere nach Westen. Sie sind als Farmer geduldig, aber selbständig, nehmen eine neue Bebauungstechnik leicht an. Ungleich dem kolonisierenden Italiener, arbeiten sie isoliert auf ihrer Mississippitalfarm, treiben fast nie Nebenberufe, sondern immer extensive Landwirtschaft; sie interessieren sich für Schulwesen und Politik und sind rasch amerikanisiert. Ob die Polen Neuland im Mississippital oder verlassene Farmen in Neuengland bebauen, sie werden immer am Ende Besitzer. Fast ohne Ausnahme sind sie in der amerikanischen Landwirtschaft erfolgreich. Aber die seltsame Tatsache ist, daß die Polen in der Landwirtschaft sehr selten sind. 1900 gab es in den Vereinigten Staaten 209 000 polnische Erwerbstätige, von welchen nur 19 200 oder 9 % in der Landwirtschaft tätig waren. Die Zahl ist so geblieben: 1910 gab es nur 7200 polnische Farmer in den Vereinigten Staaten. Vergleichen Sie diese wieder mit den 775 000 Deutschen in der amerikanischen Landwirtschaft. Wie ist dieses zu erklären?

Zwischen 1908 und 1910 wanderten 274 000 Polen ein, dafür wanderten 83 000, das sind 30 %, wieder aus. Sie sind industrielle Wanderarbeiter, eine neue Art von Polen, geworden. Sie sind längst nicht mehr die eingewanderten Polen der 70er und 80er Jahre, die ihre Frauen mitgebracht haben und bodenhungrig waren; 60 % der polnischen, 70 % der italienischen Einwanderer sind heute unverheiratete Wanderarbeiter. Dagegen waren von den 448 000 Deutschen, die 1899 bis 1910 eingewandert sind, nur 31 % ohne Frau. Seit 1900 sind die unstabilen, ungeduldigen, unvorsichtigen Elemente unter den polnischen Einwanderern noch viel herrschender geworden. Die amerikanische Landwirtschaft kann daher wahrscheinlich nichts von ihnen erwarten.

Die Einwanderer aus Böhmen zeigen ein anderes Bild. Nur 10 % der Böhmen wandern wieder aus, im Gegensatz z. B. zu den 57 % der Italiener. Und 35 % aller böhmischen Einwanderer gehen in die Landwirtschaft; von diesen sind allein 25 % landbesitzende Farmer. In der zweiten Generation sind sie völlig amerikanisiert; sie sind Amerikaner. Als Landwirte sind sie ebenso fähig oder so selbständig wie die deutschen oder skandinavischen. 80 % haben Frauen und Kinder mitgebracht. Sie sind noch »landhungrig«. Aber die Wichtigkeit dieser äußerst günstigen Tendenzen verschwindet, wenn man erfährt, daß es im Jahre 1900 nur 22 000 eingewanderte Böhmen in der amerikanischen Landwirtschaft gab, daß während der kolossalen modernen Einwanderung von 8 800 000 zwischen 1899 und 1910 nur 101 000 Böhmen eingewandert sind. Wenn die Polen mit ihren 275 000 Einwanderern zwischen 1908 und 1910 oder die Italiener mit 548 000 für dieselben drei Jahre ebenso fähig, so vorsichtig, so wirtschaftlich wie die so wenig zahlreichen Böhmen gewesen wären, würde die einseitige Wirtschaftsentwicklung Amerikas innerhalb zehn Jahren vollständig beseitigt sein. Unsere ganze Frage wird schließlich eine Frage nach der Qualität der Einwanderer. Die heutigen Einwanderer sind für die amerikanische Landwirtschaft vollkommen hoffnungslos. Ihre Fähigkeiten reichen nur zu ungelernten Industriearbeitern — und zu weiter nichts.

Es gibt zwei Kapitel in der amerikanischen Einwanderungsgeschichte, die im Prinzip abgeschlossen sind. Das von den Chinesen und das wichtige und auch sicher nach der politischen Seite noch wichtiger werdende von den Japanern. Als das Aussperrungsgesetz gegen die Chinesen im Jahre 1882 in Kraft trat, waren in den Vereinigten Staaten 132 000 Chinesen, 75 200 in Kalifornien, 9500 in Oregon, 5400 in Nevada, die übrigen zerstreut. Heute sterben die Chinesen buchstäblich aus. 1900 sind sie auf 93 000 gesunken mit nur 4500 Frauen. Als landwirtschaftliche Arbeiter von den Japanern ersetzt, existieren die Chinesen auf dem Lande nur auf den größeren Ranchos, wo man sie aus alter Gewohnheit anstellt, oder in kleinen Kolonien, wo sie zusammen in einer losen Genossenschaft arbeiten und leben. Obwohl die Chinesen an Zahl noch bedeutend sind, haben sie seit 1890 ihre herrschende Stellung in der kalifornischen Landwirtschaft völlig eingebüßt. In den Städten haben sie ihre berühmten Waschanstalten, eine Art uralter chinesischer Hausindustrie, wo zehn Chinesen in einem kleinen Zimmer arbeiten, mit einer weit lebhafteren Ausnutzung der Gesellschafts- als der Arbeitsgelegenheiten. Die städtischen Chinesen monopolisieren die kleinkapitalistische Industrie des Glücksspiels in Kalifornien. Ihre enthusiastischen Kunden sind die Japaner, die chinesischen Hausdiener und die niedere Klasse der Weißen. Die Schmiergelder dieser verbotenen Chinesenindustrie sind neuerdings eine bedeutende Nebeneinnahme der Polizeiorgane von San Franzisko geworden.

Die Japaner, die die chinesische landwirtschaftliche Herrschaft in Kalifornien vernichtet haben, zählten in den Vereinigten Staaten 1909 rund 98 000 Köpfe, davon 45 000 in Kalifornien. Die japanische Einwanderung betrug zwischen 1902—1907 37 000. Durch das bekannte Aussperrungsgesetz wurde der Strom 1909 auf 2400, 1910 auf 1550 reduziert. Unter diesen waren 30% frühere Einwohner Amerikas, die anderen 70 % ausschließlich Frauen, Kinder und Studenten. Diese früher eingewanderten Japaner haben, wegen der starken und feindlichen Gewerkschaften in kalifornischen Städten, im Gegensatz zu den Chinesen, keine Rolle in der Industrie gespielt. Von den 45 000 Japanern in Kalifornien sind nur 10000 Eisenbahntagelöhner. Im Sommer arbeiten dagegen 30 000 Japaner in der Landwirtschaft in Kalifornien, im Staate Washington 3000, Oregon 1000, Utah 1100. Es gibt mehrere Gründe, warum die Japaner die kalifornische Landwirtschaft beherrschen. Es ist möglich, durch Verdingung Gruppen von Japanern für kurze Zeiten einfach einzustellen. Die Gruppen haben eine Art von militärischer Organisation, sie sind überaus mobil und werden völlig von den Vorarbeitern («Bosses») kontrolliert; die Fürsorge für ihren Unterhalt ist äußerst einfach, und sie arbeiten für niedrigere Löhne als die Weißen. In der kalifornischen Landwirtschaft leisten heute die Japaner alle Arbeit in der Beerenkultur und zwei Drittel der Arbeit in den Rübenfeldern, die Hälfte der Arbeit in den Weinbergen und in den Obstgärten. Ihre Löhne sind heute um 10 % niedriger als die Löhne der Weißen. Die Konkurrenz der japanischen Landarbeiter war darum in keiner Weise so erschreckend für die kalifornischen Industriearbeiter, wie auch ihr Bestreben nach Grundbesitz beweist:

1904 besaßen die Japaner in Kalifornien 2440 Morgen,
1909 16 450 Morgen,
1904 pachteten die Japaner 54 830 Morgen,
1909 137 230 Morgen.

Dasselbe Zudrängen der Japaner in Landbesitz existiert auch in Kolorado, Utah und Idaho. Wenn den Japanern uneingeschränkter Eintritt in den Vereinigten Stääten gewährt wäre, hätten sie innerhalb zehn Jahren das große Obstgebiet rings um San Franzisko, dessen Arbeiterschaft sie ausschließlich schon geworden sind, vollständig beherrscht. Die japanischen Arbeiter haben keine Neigung gezeigt, nach dem Bürgerrecht zu streben. Ihre Amerikanisierung ist ganz an der Oberfläche geblieben. Zwar kleiden sie sich wie Amerikaner, gehen in die Schule, trinken äußerst gern Bier, aber ihre Fähigkeit zur Annahme der amerikanischen Kultur hört damit auf. Die Kluft zwischen dem japanischen Studenten an der Universität von Kalifornien und dem japanischen Tagelöhnern auf einer kalifornischen Obstfarm ist hierin geradezu unmeßbar. Es ist diese Eigenschaft des japanischen Kuli, sein Mangel an irgendeinem Interesse außer der Höhe seines Lohnes, seine Unfähigkeit, sich zu assimilieren, welche die Angst der Gewerkschaften erregt hat. Dies führte zu der antijapanischen Bewegung und der gefährlichen Spannung zwischen Amerika und Japan. Die japanischen Tagelöhner scheinen ungeeignet, eine verantwortliche Stellung im amerikanischen Wirtschaftsleben einzunehmen; deshalb ist es zu verstehen, daß das Verbot der Einwanderung der japanischen Tagelöhner, obwohl klar völkerrechtswidrig, zur feststehenden amerikanischen Politik geworden ist[1]).

Die dritte eigentümliche Einwanderungserfahrung Amerikas ist die der Einwanderung von Hindu aus Indien. Bis 1908 hatte Kanada im weiten Westen, in Vancouver, Britisch-Kolumbien, 5200 dieser Reichsbürger aus Indien aufgenommen, als plötzlich einer Schiffsladung von ihnen der Eintritt verweigert wurde. Es zeigte sich, daß Kanada eilig ein Gesetz durchgesetzt hatte, welches nur den Einwanderern Eintritt in Kanada gestattet, die mit einer direkten Dampfschiffverbindung vom Heimatland nach Kanada transportiert wurden. Die interessante Tatsache ist, daß keine solche Schiffverbindung zwischen Indien und Kanada existiert oder existieren konnte. Kanada empfing auch die 5200 schon gelandeten Reichsgenossen in einer solch unbrüderlichen, unimperialistischen Weise, daß das ganze Hindukontingent fast ohne Ausnahme die Grenze der Vereinigten Staaten überschritt und anfing, seine jetzt sehr historische Völkerwanderung südwärts nach Kalifornien zu lenken, um ein wärmeres Klima und auch eine wärmere Aufnahme zu finden.

Diese turbantragenden Fremden waren schlecht ernährt, schwach, langsam, schmutzig und wenig intelligent. Nach einem erfolglosen Versuch, Eisenbahnbauarbeit zu leisten, wanderten sie in die Landwirtschaft. Hier wieder ohne Erfolge, führten sie eine kümmerliche, unsichere Existenz und wurden nur angestellt, um nach kurzer Zeit wieder entlassen zu werden. Die Kastenfrage tauchte auf, als ein Hindu im Gefängnis in Auburns, Kalifornien, zehn Tage lang

---

[1]) Das Gesetz vom 19. Mai 1913 hat bekanntlich den Landerwerb von »Ausländern« in Kalifornien verboten.

alle Nahrung verweigerte, weil der Gefängniskoch, ein Irländer, der O'Grady hieß, nicht zu seiner Kaste gehörte. Die Anwesenheit der Hindu ist von den Gewerkschaften, von den neueingewanderten Slawen und von den Japanern, Chinesen und Mexikanern gleich übel aufgenommen worden. Die Hindu sind als Arbeiter unter amerikanischen Verhältnissen äußerst unerwünscht.

Das letzte Einwanderungselement zu besprechen, welches einen Einfluß auf die amerikanische Landwirtschaft ausgeübt hat, ist wesentlich interessanter. Im Jahre 1900 waren in den Vereinigten Staaten 1 181 000 geborene Kanadier, 1910 aber zeigte sich eine Zunahme derselben von nur 17 000. Im Jahre 1901 waren in Kanada nur 128 000 geborene Amerikaner, aber zwischen 1901 und 1911 wanderten 620 000 Amerikaner in Kanada ein. Die jährliche Einwanderung aus den Vereinigten Staaten stieg von 18 050 im Jahre 1901 auf 122 000 im Jahre 1911. 1910 und 1911 kamen 236 000 Einwanderer aus den Vereinigten Staaten nach Kanada. 68 % dieser Auswanderung stammten aus den großen Weizenstaaten des Mississippitales und des Nordwestens. 72 % der Auswanderer waren amerikanische Farmer, 14 % Tagelöhner, 4,8 % Handwerker. Diese merkwürdige Wanderung eines Agrarvolkes ist nur ein Teil der historisch bekannten amerikanischen Bewegung nach billigem Land (Cheap land Movement), die dieses Mal die Landesgrenzen ignorierte und sich nach Norden und Kanada wandte. Die unmittelbare Ursache dieser seltsamen Bewegung ist die Propagandatätigkeit der kanadischen Regierung und der landbesitzenden Eisenbahngesellschaften. Zweigämter des Einwanderungsdepartements der kanadischen Regierung werden in zahlreichen Städten in den Vereinigten Staaten, besonders in den Grenzstaaten, unterhalten. Geschulte Agenten sind hier angestellt, umfangreiche Reklame wird gemacht; Unteragenten erhalten 12 Mk. per Mann, 8 Mk. per Frau, 4 Mk. per Kind für alle Einwanderer, die durch die Agententätigkeit und -anfeuerung überredet werden, nach Kanada auszuwandern. Die Kosten dieses Überredungssystems der kanadischen Regierung in den Vereinigten Staaten betrugen im Jahre 1911 1 800 000 Mk. Man hat berechnet, daß wenigstens 70 % der amerikanischen Auswanderung nach Kanada, also ungefähr 80 000 jährlich, erfolgreiche, geldbringende, technisch ausgebildete Farmer sind.

Welches ist die Kehrseite des Bildes? Es gab immer eine starke

Einwanderung in die Vereinigten Staaten aus Kanada. Während in den Jahren 1910 und 1911 32300 kanadische Bürger aus den Vereinigten Staaten wieder nach Hause zurückkehrten, wanderten 88800 kanadische Bürger nach den Vereinigten Staaten aus. Während die Vereinigten Staaten an Kanada 50900 in Europa geborene Einwanderer lieferten, erhielten die Vereinigten Staaten von Kanada 57000 Europäer, die von Kanadas Vorzügen nicht überzeugt wurden und nicht bleiben wollten. Im großen ganzen gaben 1910 und 1911 die Vereinigten Staaten Kanada 236100 Einwanderer und erhielten von Kanada 200100, ein Gewinn für Kanada in zwei Jahren von nur 36000. Die Gleichheit, welche die Statistiken hier zeigen, verbirgt jedoch einen wesentlichen Unterschied. Die Vereinigten Staaten senden ausgebildete Farmer, meistens Bürger von rein amerikanischer Abstammung, nach West-Kanada, während Kanada seinerseits einen viel weniger wünschenswerten Bürger, größtenteils Französisch-Kanadier, als ungelernten Fabrikarbeiter nach den Neuengland-Textilfabriken sendet. Die amerikanischen Farmer in West-Kanada haben bestimmte Gebiete zeitweilig viel mehr amerikanisch als kanadisch gemacht. Sie verbinden West-Kanada sozial und kulturell mit den nordwestlichen amerikanischen Staaten. Und wenn auch diese Tatsache für den kanadischen Patriotismus etwas beunruhigend war, so ist sie doch äußerst befriedigend, wenn man die materielle Wohlfahrt Kanadas betrachtet.

Bis der kanadische Westen bevölkert ist, werden daher die Vereinigten Staaten mehr ausgebildete Farmer jährlich an Kanada verlieren, als sie wünschenswerte polnische, böhmische oder deutsche Agraransiedler gewinnen können. So nahm zwischen 1900 und 1910 die Bevölkerung in industriellen Staaten zu: z. B. in New Jersey um 35 %, New York 25 %, Rhode Island 27 %, in Agrarstaaten, wie z. B. Nebraska, nur 12 %, Missouri 6 %; in dem reinen Agrarstaate Jowa zeigte sich in diesen zehn Jahren sogar eine absolute Bevölkerungsabnahme. Und dies im jungen Amerika, in dem Mississippital!

Um die Sache kurz zusammenzufassen: Die amerikanische Landwirtschaft wird heute verhältnismäßig vernachlässigt. Die Industrialisierung der Nation geht rasch vor sich. Und die fundamentale Ursache ist, daß die Fähigkeiten und das Temperament der heutigen Einwanderer nicht ausreichen und in der Zukunft wahrscheinlich niemals ausreichen werden, aus ihnen irgend etwas anderes als ungelernte Industriearbeiter zu machen, die für selbständige Verantwortung erfordernde Berufe nicht geeignet sind.

Die Vereinigten Staaten treiben einem immer strafferen Industrialismus zu und müssen, da sie mit zahlreichen natürlichen Produktionsvorteilen ausgestattet sind, ein immer schärferer Konkurrent Deutschlands werden.

III.
Die Arbeiterfrage in Amerika
Von Professor **Dr. R. Kuczynski**

DIE Lage der arbeitenden Klassen in den Vereinigten Staaten ist in der deutschen Fachliteratur und in der deutschen Tagespresse in den letzten Jahren sehr häufig behandelt worden. Trotzdem ist eine Klärung der Ansichten einstweilen noch nicht erfolgt. Vielmehr stehen sich nach wie vor die widersprechendsten Meinungen gegenüber. Während eine Minderheit unter Hinweis auf die hohen Löhne, die drüben gezahlt werden, und die günstige Lebenshaltung, deren sich zahlreiche Arbeiterfamilien erfreuen, die Vereinigten Staaten als ein Paradies für die Arbeiterschaft rühmt, betont die Mehrheit, unter Hinweis auf die hohen Preise, die drüben für zahlreiche Bedarfsartikel verlangt werden, und auf das große Elend, das zweifellos in erschreckendem Umfange anzutreffen ist, daß im ganzen der amerikanische Arbeiter nicht besser daran sei wie etwa der deutsche. Die Sachlage wird dadurch noch verwickelter, daß die deutschen Arbeitgeber und die deutschen Arbeiter, die doch in der Beurteilung der Lage der arbeitenden Klassen in Deutschland durchaus verschiedener Meinung sind, die Verhältnisse der amerikanischen Arbeiter häufig gleichmäßig, und zwar gleichmäßig ungünstig beurteilen. Die deutsche Arbeitgeberpresse ist geneigt, zu behaupten, daß die deutsche Industrie durch die Ausgaben für Löhne und für sozialpolitische Verpflichtungen stärker belastet sei als ihre Konkurrenten auf dem Weltmarkt, und ist geneigt, zu bestreiten, daß der amerikanische Arbeiter es besser habe als der deutsche Arbeiter. Sie begegnet dem Hinweis auf die hohen Lohnsätze mit dem Einwand, die Beschäftigung des amerikanischen Arbeiters sei unregelmäßiger, da die Konjunkturschwankungen drüben heftiger seien und die Arbeitgeber in der Entlassung nicht unbedingt notwendiger Arbeitskräfte rücksichtsloser vorgingen. Die deutsche Arbeiterpresse ihrerseits ist geneigt, zu bestreiten, daß unpolitische und der Idee des Klassenkampfes lau gegenüberstehende Gewerkschaften, wie sie in Amerika im Gegensatz zu Deutschland vorherrschen, imstande seien, die wirtschaftliche Lage der Arbeiter dauernd zu heben, und ist geneigt, zu behaupten, daß in einem Lande, wo der Kapitalismus zum mindesten nach außen hin so viel mächtiger erscheint, der Arbeitnehmer in erhöhtem Maße ausgebeutet werde. Aber auch diejenigen, die die

Arbeiterfrage in Amerika wunschlos betrachten, halten sich meist von Einseitigkeit nicht frei. Stützen sie ihre Ansicht direkt oder indirekt auf das Zeugnis von Anhängern der in Amerika herrschenden Partei, so wird ihr Urteil sehr günstig lauten. Stehen sie mehr unter dem Eindruck der Slums, die sie in der einen oder anderen Hafenstadt durchwandert haben, oder unter der trüben Erinnerung an die hohen Kosten der Lebenshaltung, die ihnen, den Fremden, bei einem vorübergehenden Aufenthalt in der Union erwachsen sind, so werden sie sich pessimistischer aussprechen.

Die Hauptursache für die Verschiedenheiten in der Beurteilung der Lage des amerikanischen Arbeiters dürfte nun darin zu suchen sein, daß die amerikanische Arbeiterschaft, im Gegensatz zur deutschen, wirtschaftlich und sozial keine homogene Masse bildet. Gewiß, auch bei uns ist die Lebenshaltung der Schmiede eine andere wie die der Weber, der Maurer eine andere wie die der Straßenkehrer. Die Schmiede und die Maurer wohnen etwas besser als die Weber und die Straßenkehrer, sie nähren sich etwas besser, sie kleiden sich etwas besser, sie schicken ihre Frauen und ihre Kinder etwas seltener in die Fabriken. Aber Proletarier sind sie alle, d. h. sie leben alle mehr oder weniger von der Hand in den Mund und haben kaum Aussicht, wirtschaftlich oder sozial emporzusteigen. Ganz anders in den Vereinigten Staaten. Auch hier sind der Weber und der Straßenkehrer Proletarier, und ihre Lebenshaltung unterscheidet sich qualitativ nicht so sehr von der des deutschen Arbeiters. Der Schmied und der Maurer aber führen eine gut bürgerliche Existenz. Ihre Lebenshaltung ist eher besser als die des deutschen Mittelstandes. Der Schmied, der nach Beendigung seiner Arbeit am Nachmittag vielleicht in seinem eigenen Wagen aus der großstädtischen Werkstatt, in der er beschäftigt ist, auf sein freundliches Landhaus in einem Vorort hinauskutschiert, er hat weder sozial noch wirtschaftlich noch auch intellektuell etwas mit dem Straßenkehrer gemein, der nach des Tages Mühe in seinen elenden Unterschlupf in dumpfen Slums kriecht, unfähig, auch nur das geringste für seine geistige Fortbildung zu tun, und während dieser kaum mehr Aussicht hat, seine Lage zu verbessern, als der deutsche Arbeiter, haben der Schmied und der Maurer auch gegenwärtig noch begründete Hoffnung, sich selbständig zu machen und sozial und wirtschaftlich emporzukommen.

Woher kommt nun diese große Mannigfaltigkeit in den Vereinigten Staaten gegenüber der Gleichförmigkeit in Deutschland? Wären die Arbeitereinkommen in Amerika allgemein ebenso hoch oder doppelt so hoch oder dreifach so hoch wie bei uns, so würde doch die Gesamtheit der Arbeiter drüben — da grundsätzliche Unterschiede in den Preisen tatsächlich nicht bestehen — ebenso gut oder besser leben als in Deutschland. Daß dem nicht so ist, liegt vor allem an einer Tatsache, die vielleicht bisher nicht genügend beachtet worden ist, an der großen Verschiedenheit der Löhne, die dort zwischen den einzelnen Berufsgruppen besteht. Ich kann dies hier bei der Kürze der Zeit, die mir zur Verfügung steht, nur durch einige wenige Beispiele belegen. Die neueste amerikanische amtliche Lohnstatistik enthält für einzelne Baumwollbetriebe Neu-Englands die Durchschnittsverdienste in den einzelnen Berufsarten. Da zeigt sich, daß in einem Betriebe die Mulespinner durchschnittlich 35 Cts. die Stunde verdienen, hingegen die Arbeiter, die die Spulen abnehmen (auch erwachsene Männer), durchschnittlich nur $6^1/_2$ Cts., die einen also mehr als fünfmal soviel wie die andern. Die einen haben am Ende der Woche $ 20,30, d. h. 85 Mk., die andern $ 3,77, d. h. noch nicht 16 Mk. Wo wäre es wohl möglich, in Deutschland Betriebe zu finden, die ähnliche Unterschiede in den Verdiensten aufzuweisen hätten? Selbst in unsern größten Werken verdient die höchst bezahlte Berufsgruppe durchschnittlich kaum doppelt soviel wie die niedrigst bezahlte. In den Siemens-Schuckert Werken in Nürnberg z. B. verdiente vor zehn Jahren (und inzwischen dürften sich die Unterschiede eher noch verwischt haben) die bestbezahlte Gruppe, die Monteure, durchschnittlich 56 Pf. pro Stunde, die Tagelöhner 30 Pf. pro Stunde. Die Tagelöhner hatten am Ende der Woche $17^1/_2$ Mk., also mehr als jene ungelernten Arbeiter in der Fabrik in Neu-England, die Nürnberger Monteure aber hatten $32^1/_2$ Mk., d. h. nur $^2/_5$ des Verdienstes der Mulespinner. Dieselbe amerikanische Statistik enthält auch eine sehr lehrreiche Übersicht der Löhne im Baugewerbe für den 15. Juni 1910. Danach erhielten die Backsteinmaurer in der Regel dreimal soviel wie die Handlanger. In den Südstaaten, wo die Neger ein großes Angebot an ungelernten Arbeitskräften stellen, ist der Unterschied vielfach noch größer: in Birmingham, Ala., mit seiner großen Eisenindustrie, bekommen die Backsteinmaurer $62^1/_2$ Cts., die Handlanger $12^1/_2$ Cts., die einen 2,50 Mk. die Stunde, die andern 50 Pf. die

Stunde. 50 Pf. die Stunde verdienen die Handlanger im Baugewerbe auch bei uns in Berlin, in Hamburg, in München. Aber der normale Lohn der Maurer beträgt in Hamburg 85 Pf., in Berlin 80 Pf., und der Durchschnittslohn der Maurer beträgt hier in München nur 67 Pf., d. h. nur etwa $1/4$ soviel wie in Birmingham, Ala. In der Tat dürfte es in Deutschland keine einzige Stadt geben, in der die Maurer auch nur doppelt soviel erhielten wie die Bauhandlanger.

Die Gründe für diese verschiedenartige Entwicklung der Löhne sind mannigfaltig. Der wichtigste ist sicherlich die verschiedenartige Entwicklung der Gewerkschaften. In Deutschland sind die Gewerkschaften erst verhältnismäßig spät mächtig geworden, und je mächtiger sie geworden sind, desto mehr haben sie sich aus Berufsverbänden zu Industrieverbänden entwickelt, wobei wir hier nicht weiter zu untersuchen brauchen, was Ursache und was Wirkung war, d. h. ob sie meist erst so mächtig geworden sind, weil sich die Arbeiter einer ganzen Industrie zu einem Verband zusammengeschlossen haben, oder ob der Zusammenschluß meist erst stattfand, nachdem hinreichend starke Organisationen für die einzelnen Berufe vorhanden waren. Tatsache ist, daß sich heute in Deutschland — und das gilt ebenso für die Christlichen wie für die Freien Gewerkschaften — das sozialistische Prinzip des Industrieverbandes fast völlig durchgesetzt hat. Im Gegensatz zu früher haben wir so heute nur noch wenige Gewerkschaften, in denen nicht gelernte und ungelernte Arbeiter vereinigt wären. Die Folge davon ist, daß in zahllosen deutschen Tarifverträgen die Arbeitsbedingungen der in dem betreffenden Gewerbe beschäftigten gelernten und ungelernten Arbeiter gemeinsam geregelt werden, also die Löhne der Maurer und der Bauhilfsarbeiter, der Tischler und der Holzbearbeitungsmaschinenarbeiter, der Schlosser und der Helfer usw. Ja, selbst wo eine organisatorische Verschmelzung der gelernten und der ungelernten Arbeiter noch nicht stattgefunden hat, schließen bei uns die verschiedenen Berufsvereine häufig gemeinsame Tarifverträge mit den Unternehmern ab. So geschah dies seitens des Zentralverbandes der Maurer und des Verbandes der baugewerblichen Hilfsarbeiter jahrelang, bevor sie sich zu dem Bauarbeiterverband vereinigten. Dies Zusammenarbeiten hat naturgemäß eine Anpassung der Löhne der ungelernten Arbeiter an die der gelernten Arbeiter bewirkt; denn unter dem Schutze der starken Organisation sind die ungelernten Arbeiter eher in der Lage, die Bewilligung günstigerer Arbeitsbedingungen durchzusetzen; die gelernten Arbeiter haben aber auch ihrerseits ein Interesse daran, den Unterschied zwischen ihren eigenen Löhnen und denen ihrer ungelernten Mitarbeiter zu verringern, einmal um die ungelernten Arbeiter zu leistungsfähigeren und widerstandsfähigeren Gewerkschaftlern zu machen, dann aber auch, um den Anreiz für den Unternehmer zu verringern, gelernte Arbeitskräfte durch ungelernte zu ersetzen. In den Vereinigten Staaten finden sich vereinzelt dieselben Verhältnisse. Da sind zunächst die Gewerbe, die schon rein technisch eine Trennung der Organisationen nach Berufen nahezu unmöglich machen, wie der Bergbau. Und auch darüber hinaus gibt es in Amerika Gewerkschaften, die wie in Deutschland Industrieverbände sind. Der amerikanische Brauereiarbeiterverband z. B. ist ein solcher Industrieverband, der grundsätzlich alle im Brauereigewerbe tätigen Arbeiter umfaßt; aber in dem Brauereiarbeiterverband ist eben der Prozentsatz der Deutschen größer als wohl in jeder andern amerikanischen Gewerkschaft, in ihm sind sozialistische Ideen besonders stark verbreitet, und gerade wegen seiner Organisation als Industrieverband ist der Brauereiarbeiterverband in einen Konflikt mit dem Arbeitsbunde geraten, d. h. jener Vereinigung, die die Gewerkschaftszentrale für das ganze Land bildet. Denn in dem Arbeitsbund herrscht noch der alte Trade-Unionist vor, der auf den Berufsverband, die Trade-Union, schwört und den Industrieverband, die Industrial-Union, perhorresziert. Während wir also in Deutschland z. B. neben dem großen Metallarbeiterverband in der ganzen Maschinen- und Metallindustrie nur noch den Verband der Kupferschmiede besitzen, bestehen in den Vereinigten Staaten nebeneinander die Landesverbände der Schmiede, der Kesselmacher, der Brückenbauarbeiter, der Waggonreparierer, der Kettenmacher, der Stempelschneider, der Elektrizitätsarbeiter, der Maschinenbauer, der Uhrenschalendekorateure, der Dampfinstallateure, der Gießer, der Taschenmesserklingenschleifer, der Tafelmesserschleifer, der Hufschmiede, der Eisenarbeiter, der Schmuckwarenarbeiter, der Metallschleifer, der Spengler, der Former, der Modelltischler, der Bleirohrarbeiter, der Sägenschmiede, der Weißblecharbeiter (alles Landesverbände und daneben noch zahllose örtliche Spezialgewerkschaften, die keinem Landesverbande angeschlossen sind). Und alle diese einzelnen Gewerkschaften operieren nicht nur meist gesondert, sondern stehen einander häufig infolge dauernder Grenzstreitigkeiten sogar feindlich gegenüber. Kein Wunder, daß die Arbeitsbedingungen, die sich diese Gewerkschaften erringen, stark voneinander abweichen. Und dabei handelt es sich nur um gelernte Arbeiter. Denn die ungelernten Arbeiter haben ja zu den meisten dieser Gewerkschaften keinen Zutritt. Sie, die ungelernten Arbeiter, werden ja meist von ihren gelernten Werkstattsgenossen preisgegeben. Sie müssen sich ihre Arbeitsbedingungen aus eigener Kraft erringen. Und an dieser Kraft fehlt es ihnen in der Regel. Denn ist schon im allgemeinen (und so auch bei uns) im Kampf mit dem Unternehmer der ungelernte Arbeiter schlechter daran als der gelernte, so sind die Unterschiede in den Vereinigten Staaten noch viel bedeutender als anderwärts. Denn drüben ist die Stellung des gelernten Arbeiters besonders stark, die des ungelernten Arbeiters besonders schwach. Die Stellung des gelernten Arbeiters ist drüben besonders stark, weil die Ansprüche, die an seine Leistungen gestellt werden, so enorm groß sind, daß die europäischen Einwanderer sehr häufig nicht in der Lage sind, mit den einheimischen Arbeitern zu konkurrieren. Und diese enorme Leistungsfähigkeit der gelernten Arbeiter, die natürlich den Unternehmern außerodentlich willkommen ist, und die ja wohl auch den Riesenaufschwung der amerikanischen Industrie in erster Reihe erklärt, sie wird von den Gewerkschaften tunlichst gefördert. Denn wenn es auch nicht zu bestreiten ist, daß die amerikanischen Gewerkschaften durch mannigfache Mittel versuchen, die Leistung des einzelnen Arbeiters nach oben zu begrenzen (durch Festlegung der Höchstleistung, durch das Verbot der Akkordarbeit und des Prämienlohnsystems, durch ein Verbot an die Mitglieder, mehr als den tariflichen Mindestlohn vom Arbeitgeber anzunehmen, durch Erschwerung der Verwendung arbeitsparender Maschinen, durch Erzwingung einer zeitraubenden Arbeitsteilung, durch das Verbot der Benutzung von Fahrrädern während der Arbeitszeit usw.), so ist nicht minder richtig, daß dieselben Gewerkschaften in gleicher Weise bestrebt sind, auch die Leistung des einzelnen Arbeiters nach unten zu begrenzen. Das wichtigste Mittel hierzu ist die Auslese, die schon bei der Aufnahme in die Gewerkschaft stattfindet. Das Statut des amerikanischen Maurerverbandes bestimmt z. B. in dieser Richtung:

»Niemand soll als Mitglied in diese Organisation aufgenommen werden, bevor er nachgewiesen hat, daß er ein Bürger ist, oder bevor er in der im Gesetz vorgeschriebenen Form erklärt hat, ein Bürger in diesem Lande zu werden. Er muß ein praktischer Ziegelmaurer, Steinmaurer oder Putzer sein und muß imstande sein, den üblichen Lohnsatz zu verdienen. Falls Klage über seine Fähigkeiten geführt wird, soll er gezwungen werden, eine Prüfung vor einem Ausschuß des Zweigvereins, in dessen Wirkungsbereich er arbeitet, zu bestehen. Keinem Arbeiter, der lediglich feuersichere Mauern herzustellen versteht, soll es gestattet werden, Mitglied der Organisation zu werden. Kein Bewerber um die Mitgliedschaft soll zurückgewiesen werden, außer wegen beruflicher Unfähigkeit.«

Es werden also keine Einwanderer aufgenommen, die noch nicht mit der amerikanischen Arbeitsweise vertraut sind, und es werden keine Spezialisten aufgenommen, sondern nur allseitig ausgebildete Arbeiter, und zwar nur solche, die so viel leisten, daß die Gewerkschaft dem Unternehmer auch zumuten kann, diesen Arbeitern die hohen Löhne, die sie allgemein vorschreibt, zu zahlen. Der Unternehmer steht sich sehr gut dabei und der Gewerkschaftler auch, und dieser Gewerkschaftler ist es denn auch, der die günstigen Lebensverhältnisse aufweist, die das Staunen des ausländischen Besuchers erwecken. Dieser Arbeiter führt in der Tat ein Leben, daß mindestens ebenso gut ist, wie es bei uns der Mittelstand führt. Trotzdem er meist nur acht Stunden am Tage arbeitet, trotzdem er z. B. im Baugewerbe Sonnabends meist schon um 12 Uhr mittags Feierabend macht, trotzdem er selbst in Zeiten günstiger wirtschaftlicher Konjunktur im allgemeinen weniger regelmäßig beschäftigt ist als der deutsche, trotzdem er endlich nur selten durch einen Verdienst der Ehefrau einen Zuschuß für seinen Haushalt erhält, verfügt er doch über ein Jahreseinkommen, das mit 3000 bis 4000 Mk. reichlich doppelt so hoch ist wie das, mit dem sich der Deutsche behelfen muß. Und seine Lage ist um so günstiger, als die amerikanische Konsumwirtschaft auf ihn zugeschnitten ist, d. h. also, daß er nicht nur relativ billiger lebt als der Wohlhabende, sondern auch relativ billiger als der Proletarier, der viel weniger verdient. So bewohnt er denn in der Regel ein ganzes Haus, und zwar meist zur Miete, nicht selten aber auch im Eigentum. Dies Haus besteht aus drei bis vier Zimmern, Küche und Badezimmer und hat häufig Zentralheizung. Er wohnt also besser als die deutsche Mittelstandsfamilie, ohne dafür mehr auszugeben als jene. Er nährt sich auch besser und reichlicher, und trotzdem er mehr Fleisch, mehr Fisch, mehr Gemüse, mehr Obst und mehr Zucker verzehrt als ein Deutscher mit dem gleichen Einkommen, gibt er weniger dafür aus. Größer sind seine Ausgaben für Kleidung, aber die amerikanische Arbeiterfamilie ist auch sorgfältiger und eleganter gekleidet als die deutsche Mittelstandsfamilie.

Stellt so der einheimische, gelernte, organisierte Arbeiter, solange er voll leistungsfähig ist, das eine Extrem dar, so bildet der eingewanderte, der ungelernte, der beschäftigungslose, der altersschwache Arbeiter die Kehrseite der Medaille. Ich habe vorhin gesagt: Die Stellung des ungelernten Arbeiters ist drüben besonders schwach. Dies liegt daran, daß er viel weniger als etwa bei uns eine starke Organisation hinter sich hat. Denn sein gelernter Arbeitskamerad kümmert sich ja nicht um ihn, und aus eigener Kraft vermag er selten eine lebensfähige Organisation zu schaffen, da ihm immer wieder in dem unaufhörlichen Nachwuchs der Neger, in den Hunderttausenden und aber Hunderttausenden hereinströmenden Einwanderern und nicht zuletzt in den zahlreichen gescheiterten Existenzen unter den gelernten Arbeitern Konkurrenten erwachsen, die unter allen Umständen arbeiten wollen und stets bereit sind, einander zu unterbieten. Immerhin ist das Einkommen dieser ungelernten Arbeiter in der Regel reichlich ebenso hoch wie das unserer gelernten Arbeiter. Wenn diese amerikanischen Proletarierfamilien trotzdem unverhältnismäßig schlechter leben als die besser gestellten Arbeiterfamilien in Amerika und auch schlechter als unsere gelernten Arbeiter mit dem gleichen Einkommen, so liegt dies eben daran, daß die Lebensverhältnisse drüben auf das Proletariat, das nicht wie bei uns das Gros, sondern eine kleine Minderheit bildet, nicht zugeschnitten sind, weil für dieses Proletariat in der amerikanischen Konsumwirtschaft kein Raum ist. Diese Proletarier müssen infolgedessen ihre Bedürfnisse in größerem Stil decken als ihrer wirtschaftlichen Lage entspricht, wie bei der Wohnung, die so groß ist, daß sie einen unverhältnismäßigen Teil ihres Einkommens verschlingt, und daß sie sie nicht heizen können, oder sie können zwar eine kleinere Quantität nehmen, aber dann erleiden sie einen Verlust, weil sie nicht die vorgeschriebene Einheit kaufen wie bei Kohlen und

Kartoffeln, oder weil der Preis für die Einheit nicht genau teilbar ist, oder endlich weil die ihnen nicht angepaßte und doch gerade auf sie so häufig angewandte großzügige Gepflogenheit Platz greift, die Beträge auf runde Summen zu erhöhen. Sie müssen ihre Bedürfnisse in einer schlechten und daher teuren Qualität decken und können dem entweder gar nicht entgehen wie bei der Wohnung, da ihnen nur die entwertetsten Wohnungen offen stehen, oder sie können es zwar vermeiden, wie bei der Kleidung und den Möbeln, aber nur, indem sie auf Abzahlung und dann zwar qualitativ besser aber wieder teurer kaufen. Und wenn sie alle diese Nachteile durch eine Hebung des Grundübels, durch Vermehrung ihrer Mittel unter Zuhilfenahme des Geldkredits beseitigen wollen, dann kommen sie erst recht von dem Regen in die Traufe. Sie können es anfangen, wie sie wollen, sie müssen das klägliche Leben, das sie führen, sehr, sehr teuer bezahlen.

Wenn Sie also die Arbeiterfrage in Amerika in ihren Einzelheiten studieren wollen — und die flüchtigen Ausführungen, die ich Ihnen in der kurzen Spanne von $3/4$ Stunde machen konnte, können Ihnen ja lediglich eine Anregung dazu geben — so werden Sie vielleicht gut daran tun, wenn Sie als wichtigstes Ergebnis, zu dem wir heute gekommen sind, im Auge behalten: Die Oberschicht der amerikanischen Arbeiterschaft hat infolge ihrer starken gewerkschaftlichen Organisationen ein Einkommen, das sie in den Stand setzt, mindestens ebenso zu leben wie bei uns der Mittelstand. Zum Proletariat zählt im Gegensatz zu Deutschland nur die Unterschicht der amerikanischen Arbeiterschaft. Ihr Einkommen entspricht ungefähr dem unserer gelernten Arbeiter. Da aber die amerikanische Konsumwirtschaft auf die Oberschicht der Arbeiterschaft zugeschnitten ist, ist die Lebenshaltung dieser Unterschicht etwa ebenso kärglich wie die unserer ungelernten Arbeiter.

IV.
Die amerikanische Industrie
Von Dr. Theodor Vogelstein

ALS die amerikanischen Kolonien im Jahre 1776 die Zeit für gekommen erachteten, um die Bande, die sie an das Mutterland knüpften, zu zerreißen, gab es eine amerikanische Industrie noch nicht, ja selbst ein ausgebildetes System des Handwerks und der Hausindustrie fehlte fast vollständig. In gewerblicher Beziehung war die Union damals um Hunderte von Jahren hinter England zurück. Die Eigentümer der großen Landsitze im Süden und die wenigen wohlhabenden Kaufleute ließen die Bedarfsartikel für ihren eigenen Gebrauch fast vollständig aus Europa herüberkommen, das auch alle Werkzeuge besserer Art lieferte. Der gewöhnliche Farmer aber stellte sich im Hausfleiß nicht nur sein Garn und seine einfachen Gewebe, nicht nur die Lederhose und die primitiven Möbel, sondern selbst die meisten der metallenen Utensilien wie Nägel, Hammer usw. allein oder mit Unterstützung eines auf der Stöhr arbeitenden Fachmannes her. Wo ein Überschuß an solchen Produkten des Hausfleißes vorhanden war, wurde er in die anderen Kolonien verkauft, und nur die hausindustrielle Schuhproduktion von Lynn (Mass.), die relativ große Erzeugung von Roheisen in den kleinen, verstreuten Öfen und der qualitativ hochstehende Schiffbau kommen als Ausnahmen und als Vorläufer einer späteren, größeren Entwicklung in Betracht.

Diese gewerbliche Rückständigkeit der amerikanischen Kolonien ist nicht, wie man lange behauptet hat, eine Folge der merkantilistischen Kolonialpolitik Englands, die etwa das Aufkommen jeder Industrie verhindert hätte, vielmehr zeigte sich auch nach der Losreißung von dem Mutterlande, daß die Vorbedingung für eine solche Entwicklung noch nicht gegeben war. Eines zwar war in genügendem Maße schon damals vorhanden: eine kapitalistische, auf den größtmöglichen Vorteil und die Anpassung an gegebene Verhältnisse hinzielende Geistesrichtung. Sobald die objektiven Vorbedingungen sich änderten, brachte dieser amerikanische Geist die Industrie zu schneller Entfaltung.

Alexander Hamilton, der im Jahre 1791 dem Kongreß einen Bericht über die Gewerbe vorlegte, stellte sich auf den Standpunkt, amerikanische Industrien müßten geschaffen werden, um aus rein politischen Gründen von dem englischen Industriemonopol unabhängig zu werden; sie könnten geschaffen werden, weil man durch Heranziehung fremder Arbeiter und fremden Kapitals die Mittel dazu finden würde, ohne die Landwirtschaft wesentlich zu stören; und sie dürften selbst mit zeitweiliger Benachteiligung der Landwirtschaft gepflegt und gefördert werden, weil auf die Dauer die Landwirtschaft durch die Vergrößerung ihres Absatzmarktes und die Verbilligung der Industrieprodukte doppelt und dreifach für diese Opfer entschädigt werden würde. Die übrigens zunächst mäßige Schutzzollpolitik, die damals in Amerika einsetzte, hatte aber anfangs wenig Erfolg, bis das Embargo, das der Kontinentalsperre entsprechende Verbot des Handels mit England vom Jahre 1808, wie auf dem Kontinent den großen Zwang zur industriellen Entwicklung mit sich brachte. Seit jener Zeit datiert die amerikanische Industrie, und seither sind auch die Hauptlinien ihrer Produktionsrichtung im wesentlichen gleich geblieben.

Vier Hauptgruppen amerikanischer Industrie haben wir zu unterscheiden:

1. Die Verarbeitung billiger amerikanischer Rohmaterialien,
2. die Produktion von Massenartikeln für den amerikanischen Konsum,
3. die Erzeugung gewisser, hochwertiger Produkte, für die entweder die spezielle Eignung dem Amerikaner ein internationales Übergewicht gibt, oder aber
4. die Zollpolitik den nationalen Markt trotz mangelnder Eignung garantiert.

Die erste Gruppe von Industrien ist also eine solche, bei denen der Standort durch das Rohmaterial ziemlich bestimmt ist, einmal die Verarbeitung der enormen Holzmassen zu einfachen Halbmaterialien oder Ganzfabrikaten, zu Brettern, Türen, einfachen Möbeln usw., ferner die gesamte Verhüttung und Verarbeitung der Erze, die Raffinierung von Petroleum, die enorme Mühlenindustrie und die allbekannte Großfleischerei, die schon in den dreißiger Jahren des 19. Jahrhunderts in Cincinnati für europäische Verhältnisse unerhörte Dimensionen angenommen hatte. Diese Industriezweige sind die typischen, gewerblichen Beschäftigungen eines Koloniallandes. Wir finden sie in Südamerika, in Australien, in Afrika, wo immer billige Rohmaterialien vorhanden sind, in ähnlicher Weise.

Die zweite Gruppe amerikanischer Industrie ist die Herstellung einfacher Massenartikel, zunächst für den einheimischen Konsum, zum Teil neuerdings sogar für Exportzwecke. Typische Beispiele für diese Industrien sind die Baumwollindustrie und die Schuhindustrie. Da in diesem Produktionszweig ein Übergewicht der Vereinigten Staaten durch billige Materialien nicht existiert, für Baumwolle wenigstens nicht, soweit es sich um das Hauptproduktionsgebiet, Neu-England, handelt, und da die Löhne der amerikanischen Arbeiter, mit Ausnahme der Baumwollindustrie in den Südstaaten, höher, zum Teil viel höher sind als die der europäischen Konkurrenzländer, so muß man nach speziellen Vorzügen suchen, die den Amerikaner befähigen, diese Waren mindestens so billig wie Europa herzustellen. Denn daß dies wirklich der Fall ist, ja schon in den ersten Jahrzehnten nach Entstehung der Baumwollindustrie der Fall war, darüber kann ein Zweifel nicht herrschen.

Die amerikanische Arbeiterschaft ist von jeher eine ungewöhnlich intelligente und strebsame Klasse gewesen. Sie hielt schon in alter Zeit den Vergleich mit englischen Arbeiterkreisen aus, und wenn auch heute die große Einwanderung die untere Klasse des amerikanischen Arbeiterstandes immer wieder durch unausgebildete und schlecht disziplinierte Leute ergänzt, so ist doch gerade durch die enorme Assimilationskraft dieses Landes, durch den aufs höchste gesteigerten Wunsch aller Kreise, in die Höhe zu kommen, auch heute noch die Leistungsfähigkeit des amerikanischen Arbeiters rein quantitativ eine ungewöhnlich große. Es wäre jedoch völlig verkehrt, die große Entfaltung dieser Industriegruppen im wesentlichen auf die Arbeiter zurückzuführen. Sie ist vielmehr eine Folge der industriellen Organisation und der Marktverhältnisse.

Wenn man durch die alten Fabrikorte Neu-Englands geht, so kann man von dortigen Direktoren hören, daß sie seit 70 Jahren dieselbe Sorte von einfachen Baumwollgarnen und Stoffen jahraus, jahrein in der Fabrik herstellen. Und wenn für andere Zweige diese Kontinuität der Produktion nicht in gleichem Maße gilt, so ist die Einheitlichkeit und Gleichmäßigkeit der im Augenblick hergestellten Waren für jeden europäischen Beobachter mit das Frappierendste, was er in Amerika erfahren kann. Bekanntlich ist Amerika der größte Markt für gewöhnliche Haushaltungs- und Bekleidungsgegenstände. Schon der Chevalier Felix de Beaujour, der die Vereinigten Staaten zu Anfang des neunzehnten Jahrhunderts besuchte, kann sich über den enormen Verbrauch an Waren in den unteren Klassen nicht genug wundern, und ein Landsmann von ihm, Michel Chevalier, schrieb wenige Jahrzehnte später, ihm sei die ganze Bevölkerung New Yorks, die sich am Broadway herumdrücke, täglich wie im Sonntagsstaat erschienen.

Wenn der Bedarf eines so viel konsumierenden Volkes von 90 Millionen Menschen schon an sich die Produktion im großen gestatten würde, so wird diese Tendenz zur Vereinheitlichung enorm gesteigert durch die ungewöhnliche Uniformität der Geistesrichtung, die den Amerikaner bekanntlich charakterisiert. Da fehlt es zunächst fast vollständig an den lokalen und provinziellen Unterschieden der Geschmacksrichtung, die in dem traditionalistischen Europa noch immer eine wesentliche Bedeutung haben, da ist aber auch dank dem Gemisch von demokratischer Herrschsucht und angelsächsischer Respektabilität kaum irgend jemand, der sich gegen den allmächtigen Willen einer Mode oder einer Sitte aufzulehnen wagt.

Diese Tendenz zur Gleichförmigkeit des Bedarfs, und daraus folgend der Produktion, ist im Interesse der Verbilligung von den Produzenten bewußt gesteigert worden, und wenn sie auf dem Gebiet des persönlichen Konsums nicht immer sympathisch erscheint, so hat sie in der Sphäre der Herstellung von Produktivgütern, also von Halbfabrikaten, Maschinen usw., zum großen Vorteil der dortigen Industrie mit allen Vorurteilen aufgeräumt, die bei uns die Produktionskosten zu erhöhen pflegen. Wie viele deutsche Gießmeister haben aus alter Gewohnheit eine bestimmte Marke verlangt, die überhaupt nur noch für sie hergestellt wurde, vielleicht übrigens nur für sie noch den alten Namen erhält, während sie tatsächlich mit anderen Sorten identisch ist. Wie viele Typen muß eine deutsche Maschinenfabrik herstellen, um genau die Größenverhältnisse zu haben, die irgendein Abnehmer in Rudolstadt für die einzig möglichen hält! In Amerika sucht man all dies zu vermeiden: Typisierung, Standardisation des Produktes ist das Hauptprinzip dieser Produktion.

Aber, und damit kommen wir von der Marktseite der Frage zur organisatorischen, nicht nur Typisierung des Produktes, sondern vor allem auch Typisierung der einzelnen Teile, aus denen die Produkte zusammengesetzt werden, und der einzelnen Arbeiten, die zu ihrer Herstellung nötig sind. Die Auflösung der gesamten industriellen Arbeit in möglichst einfache Teilarbeiten, die der Mensch fast mechanisch, oder besser die Maschinen nur mit menschlicher Beaufsichtigung vollziehen können, diese Rationalisierung der Produktion ist bekanntlich nirgends so weit gediehen wie in der Union. Dabei haben die Arbeiterverhältnisse einen geschäftstüchtigen Unternehmerstand vor allem zu einer völligen Trennung der höheren von den niederen Arbeiten veranlaßt.

Aus dem interessanten Vortrag, den uns neulich Herr Dr. Kuczynski gehalten hat, haben Sie erfahren, wie sehr drüben die Löhne der gelernten Arbeiter von denen der ungelernten Arbeiter verschieden sind. Während bei uns und selbst in England in der Spinnerei und Weberei ein bis zwei gelernte Arbeiter, höchstens mit einem Helfer, die gesamte Tätigkeit an einer oder einigen Maschinen erledigen, einen Teil ihrer Zeit durch Hin- und Herlaufen, Zubringen und Forttragen von Material und Fabrikat verlieren, sieht der Amerikaner streng darauf, daß ein hochwertiger, gut bezahlter Arbeiter nichts tut, was ein billiger ebenso gut erledigen kann. Infolge dieser organisatorischen Vorzüge gelingt es ihm, trotz höherer Löhne billige Arbeitskosten zu erzielen und sich auf einem großen Gebiete konkurrenzfähig zu halten.

Schon in dieser Industrie kommen aber gewisse Eigenschaften zum Vorschein, die den Amerikaner in der dritten Gruppe von Industrien, die wir zu behandeln haben, besonders auszeichnen, nämlich in der Gruppe hochwertiger Qualitätsarbeiten, die heute in steigendem Maße, in gewissem Umfange aber seit den Anfängen der amerikanischen Industrie, einen speziellen Einschlag in die dortigen Gewerbe darstellen. Wenn die Amerikanische Gesellschaft zur Förderung der heimischen Industrie schon im Jahre 1817 auf die Erfindungsgabe der Amerikaner in arbeitssparenden Maschinen hinwies, so hat sich dank einer ungewöhnlich praktischen Lebensauffassung und einer ebenso ungewöhnlichen kapitalistischen Energie diese Fähigkeit bis auf den heutigen Tag erhalten und gesteigert. Die Produktion von Nähmaschinen, von Holzbearbeitungsmaschinen, von landwirtschaftlichen Maschinen, von Schuhmaschinen, von Uhren, von Kassenregistrierapparaten, die Produktion all dieser hochwertigen Waren, in denen nicht billige Rohmaterialien und nur zum Teil die Größe des Marktes Amerika ein Übergewicht verleiht, beruht auf dieser qualitativ vorzüglichen amerikanischen Technik und amerikanischen Organisation.

Diese, für ein Kolonialland so außerordentliche Fabrikationsrichtung hat ja die besondere Schwierigkeit der hohen amerikanischen Löhne zu überkommen, um mit europäischen Industrieländern auch nur auf gleichem Fuße konkurrieren zu können. Nur eine ungewöhnliche Ausnützung organisatorischer Zweckmäßigkeitsgedanken konnte sie zu ihrer vielfachen Überlegenheit gelangen lassen.

Nehmen wir als ein Beispiel die Uhrenfabrikation. Die alte deutsche, französische und englische Uhrenproduktion war rein handwerksmäßig gewesen. Der Uhrmacher war ein hochqualifizierter Handwerker, ja fast ein Künstler. Diese handwerksmäßige Produktion wurde bekanntlich in der Hauptsache verdrängt durch die hausindustrielle Herstellung aller Einzelteile in den Orten um den Genfer-See, in die Voltaire jene Kunst gebracht hatte. Aber wenn auch in der Schweiz die Produkte in großen Massen hergestellt wurden und jede Teilproduktion einen besonderen Arbeiter, vielfach ein besonderes Dorf als Arbeitsstätte hat, so bleiben die einzelnen Teilprodukte doch noch immer viel zu ungenau und ungleichgleichartig, als daß ihre vollkommene Auswechselbarkeit ohne ein Nachhelfen und Ordnen durch einen hochgelernten Fachmann möglich wäre. Die amerikanische Uhrenproduktion ist vollständig Fabrikarbeit. Sie beruht auf der genauesten Durchführung des Prinzips der auswechselbaren Teile, der »interchangeable parts«. Wenn die Maschine tagaus, tagein weiter nichts macht als die genau gleichen Drähtchen, Federchen und Schrauben, wenn jede Einzelarbeit standardisiert ist und in größten Mengen wiederholt wird, dann ist nicht nur die Zusammensetzung selbst eine viel einfachere und gestattet es, zu billigen Preisen vorzügliche Produkte zu verkaufen, sondern auch ein großer Teil der Produktion kann mit einfacheren Arbeitskräften vollzogen werden und so die an anderer Stelle erhöhten Lohnkosten wieder ausgleichen.

Es ist wahr, daß diese Sorte von Qualitätsfabrikaten fast die einzige ist, die bisher in Amerika zu finden ist. Die chemische Industrie steht noch weit hinter der deutschen zurück, da ihr gut ausgebildete Fachleute nicht zu so billigen Preisen zur Verfügung stehen. Auch auf dem Gebiete künstlerischen Geschmackes sind bisher wohl nur Tiffany-Gläser und Steinway-Flügel besonders bemerkenswert geworden. Aber diese technische Industrie stetig verbesserter Maschinen, vorzüglichster Arbeitsleistung und Typisierung und einer fast wissenschaftlich durchgearbeiteten Fabrikorganisation ist etwas, woraus wir in Deutschland noch genügend zu lernen haben und dank unserer systematischen Fähigkeiten auch zu lernen vermögen.

Daß die Amerikaner auf den Gebieten der Qualitätsproduktion, auf denen die Vorzüge dieser Organisation sich nicht genügend geltend machen können, wie z. B. in der feineren Textilindustrie, mit Europa nicht konkurrenzfähig sind und nur dank einer wenig intelligenten Handelspolitik Arbeit und Kapital auf diese Industriezweige verschwenden, während sie es anderweitig besser verwenden könnten, liegt bei den hohen Löhnen, die in Amerika noch auf absehbare Zeit hinaus herrschen werden, ziemlich klar.

Wir haben bisher die allgemeine Produktionsrichtung der amerikanischen Industrie und gewisse Eigenarten ihrer inneren Organisation betrachtet. Es wird Aufgabe unseres nächsten Vortrages sein, die spezielle Form monopolistischer oder nach einem Monopol strebenden Großunternehmen zu betrachten, die wir mit dem Namen Trusts bezeichnen, und im Zusammenhang mit dem amerikanischen Kreditwesen auf die Finanzierung der Industrie näher einzugehen. Für heute jedoch wollen wir uns noch mit demjenigen Teil der Industrie befassen, der nicht oder nur in geringem Maße von der Trustidee ergriffen ist, und das ist noch immer der größere Teil des amerikanischen Gewerbewesens.

Es liegt ja klar, daß in einem Lande mit so stark wachsender Bevölkerung, einem Lande, das eine jährliche Einwanderung von ungefähr 1 Million hat, in dem noch jedes Jahr, ja jeden Monat, neue Städte gegründet und neue Landstriche besiedelt werden, das Aufkommen von industriellen Unternehmern leichter ist als in älteren Ländern mit wenigstens etwas langsamerer Entwicklung und geringerem Umfange. Auch wird bisher noch eine so große Menge von industriellen Produkten vollständig aus dem Auslande importiert, daß sich mit oder ohne Zollschutz immer wieder Gelegenheit zur Einführung neuer Gewerbe bietet. Zieht man noch in Betracht, wie optimistisch und unternehmungslustig der Amerikaner im Wirtschaftsleben arbeitet, wie leicht jemand geneigt ist, für eine

»fighting chance«, für einen aussichtsreichen Kampf ein Stück Geld, ja oft sein ganzes Geld zu riskieren, so kann man leicht verstehen, daß das Aufkommen neuer Betriebe in Amerika viel schneller, leichter und selbstverständlicher vor sich geht als selbst bei uns.

Dem aufmerksamen Beobachter fallen in Amerika neben den nach allen Richtungen hin vorzüglichen Fabriketablissements, die in der ganzen Welt berühmt sind, andere Werke auf, welche so unscheinbar wie nur möglich in kleinen Häusern oder Holzhütten untergebracht sind und den Beweis für das Provisorische der ganzen Entwicklung liefern. Es gibt sogar altberühmte Werke, denen man diesen Entwicklungsgang noch heute anmerkt; die meisten jedoch werden an einem bestimmten Punkte ihres schnellen Aufschwunges ihr bisheriges Lokal und ihre bisherige Arbeitsmethode verlassen und mit erhöhten Kapitalien ein ganz neues Werk nach systematischen Gesichtspunkten errichten. Eine solche Verlegung ist in Amerika um so leichter, als regelmäßig auf schnelle Amortisation der Anlagen gesehen wird. Lieber ein paar Maschinen vorzeitig zusammenschlagen, als mit veralteten arbeiten; dieser Gedanke wird bis zur Übertreibung im amerikanischen Leben vertreten.

In einem Lande so schneller Wandlung ist die Persönlichkeit des Leiters natürlich noch wichtiger als irgendwo. Es wäre völlig falsch anzunehmen, daß der amerikanische Unternehmer technisch und kaufmännisch eine bessere Ausbildung hätte als der deutsche, im Gegenteil, die Anzahl der gut ausgebildeten Personen ist ungewöhnlich klein, und dies erklärt es ja gerade, warum man drüben noch immer relativ leicht vorwärtskommen kann. Aber was den amerikanischen Unternehmer auszeichnet, das ist neben seinem Optimismus die starke Anpassungsfähigkeit an gegebene Situationen. Der Mangel an Tradition, der kulturell so oft unangenehm von uns empfunden wird, bedeutet hier den ungewöhnlichen Vorteil, daß Hemmungen gar nicht erst überwunden werden müssen. Dazu kommt die Art der Ergänzung dieses Standes der Prinzipale und Direktoren. Wenn es in Deutschland als ein himmelstürzendes Ereignis angesehen wird, falls einmal in eine große Privatfirma ein Fremder als Teilhaber aufgenommen wird, besteht in Amerika eine solche Firma regelmäßig aus so und so vielen Partnern, von denen ein großer Teil als einfache Angestellte in das Geschäft eingetreten und zu junior partners avanciert sind. Vielleicht ist der prozentuale Gewinnanteil dieser Männer nicht einmal immer größer als der manches deutschen Prokuristen, aber ihre Bedeutung für das Geschäft ist in das rechte Licht gerückt, ihre Stellung dem Chef gegenüber als gleichberechtigt dokumentiert. Diese große Möglichkeit, Teilhaber zu werden, hebt aber den ganzen Stand der Angestellten, er gibt ihnen einen Elan, der einem Privatbeamten niemals eigen sein wird.

Aber gerade im industriellen Amerika ist die Privatfirma, die offene Handelsgesellschaft, seit jeher das Seltenere. Schon Alexis de Tocqueville, dieser feinste Beobachter Amerikas, schrieb in den dreißiger Jahren, daß die Amerikaner für alle Zwecke Assoziationen schüfen. »Es kommt häufig vor,« so sagt er, »daß die Engländer ganz große Dinge allein ausführen, während es keine noch so kleine Unternehmung gibt, für die sich die Amerikaner nicht vereinigten.« Die limitierte Gesellschaft, regelmäßig die Aktiengesellschaft, ist die typische Form der amerikanischen Industrie in noch ganz anderem Maße als bei uns. Daß die Leiter dieser Aktiengesellschaften genau so wie in Deutschland das Unternehmen trotzdem als ihr eigenes, ihnen zugehöriges, mit dem sie eng verknüpft sind, ansehen, das ist bei der ganzen persönlichen Art des Geschäftsmannes sehr klar. Und wenn es selbst bei der Privatunternehmung leicht ist für einen Angestellten, Partner zu werden, so ist das Aufsteigen zum Direktor der Aktiengesellschaften natürlich noch viel normaler.

Dabei haben die Amerikaner, wenigstens für die kleineren und mittleren Unternehmungen, das englische Prinzip, daß die wirkliche Leitung in den Händen des board of directors liegt, also einer Gruppe von Männern, die gerade nur die für die geschäftliche Oberleitung nötige Zeit dem Unternehmen zur Verfügung stellen. Der Manager ist ein ausführender Beamter. In den ganz großen Gesellschaften ist selbstverständlich eine derartige Form nicht durchführbar, und der Präsident, Secretary und Chairman werden zu besoldeten Beamten im Hauptberuf. Dieses System arbeitet im ganzen recht gut, jedoch muß auf einen Mangel hingewiesen werden, der nicht notwendigerweise, aber tatsächlich mit ihm verbunden ist. Die nichtbeamteten Mitglieder des board of directors erhalten regelmäßig für ihre Arbeit keinerlei Entschädigung, außer etwa einem 10 $-Stück für jede Sitzung. Die Folge davon ist, daß man nur Personen, die stark mit Kapital interessiert sind, oder deren abhängige Personen (dummies) als Direktoren finden kann. Die große Masse von

Intelligenz und Interesse, die wir in Deutschland mit Hilfe der Aufsichtsratstantième dem Unternehmen von Leuten zuführen, die sich kapitalistisch nicht beteiligen können oder wollen, geht den amerikanischen Aktiengesellschaften damit verloren, und das ist um so weniger förderlich, als die Beziehungen der meisten Unternehmungen zur Bankwelt ungewöhnlich lose sind, und ihnen daher die Erfahrung und der Rat finanzieller Fachleute nicht in dem Maße zur Verfügung steht.

Für die ganz großen Unternehmungen gilt dies selbstverständlich nicht. Aber auch diese scheinbaren Nachteile der amerikanischen Geschäftsorganisation sind drüben nicht in dem Maße fühlbar, wie sie es bei uns wären. Auf der einen Seite ist das Kreditwesen so schematisiert, daß selbst der Unbewanderte leicht damit umzugehen vermag, auf der anderen ist das ganze Geschäftsleben noch so im Fluß, daß Initiative und Anpassungsfähigkeit den Mangel an Kenntnissen leichter ersetzen können als im alten Europa. Aber, so wird man einwenden, Amerika, das Land der großen Trusts, der festesten monopolistischen Organisationen, muß doch immer mehr in eine bureaukratische Form der geschäftlichen Organisationen hineingeraten. Alles das, was wir hier dargestellt haben, muß doch eher ein Bild der Vergangenheit als der Gegenwart und Zukunft bieten. Es wird die Aufgabe meines nächsten Vortrages sein, mich über diese Frage mit Ihnen auseinanderzusetzen.

V.
Die amerikanischen Trusts
Von **Dr. Theodor Vogelstein**

AMERIKA ist uns in den letzten Jahren viel näher gerückt. Nicht nur, daß die Dampfer schneller gehen, der Europäer, vor allem auch der kontinentale Europäer, hat sich daran gewöhnt, leichter zu reisen. Wenn es in alten Zeiten eine Ausnahme war, die amerikanische Union besucht zu haben, so findet man heute unter führenden Geschäftsleuten und unter jüngeren Nationalökonomen eine so große Anzahl von Leuten, die ein oder einige Male über das große Wasser gefahren sind, daß das Außergewöhnliche einer solchen Reise immer mehr zurücktritt. Während man vor einigen Jahrzehnten nach einer amerikanischen Reise vielleicht noch im Stile Herodots von all den erstaunlichen und absonderlichen Menschen, Dingen und Sitten in übertriebener Romantik erzählen konnte, so bleibt jetzt gerade von diesen Absonderlichkeiten kaum etwas in dem Glauben der Zuhörer zurück als etwa die Schilderung der Wolkenkratzer, deren reale Existenz aller Welt durch Abbildungen und Kinematographen genügend bekannt ist.

Wenn so das amerikanische reguläre Leben dem Europäer immer mehr vertraut geworden ist und als Schreckgespenst keinerlei Wirkung mehr selbst auf leichtgläubige Gemüter ausübt, hat sich eine neue Fabel über amerikanische wirtschaftliche Verhältnisse gebildet, die von den einen in gutem Glauben, von den anderen aus stark finanziellem Interesse gern genährt wird. Kann man nicht mehr von Leuten erzählen, die im Urwald verhungern, so muß eben die amerikanische Großstadt als Urwald gelten, in der alles mögliche Elend existiert, von dem man angeblich in Europa nichts weiß. Und wenn auf Grund eines auf rein quantitative Vorzüge gerichteten Geschmackes, auf Grund einer laxen Bauordnung, in Amerika heute 50 Stock hohe Gebäude errichtet werden, so kann man leicht die wirtschaftliche Auftürmung der Trusts als etwas dem europäischen Gedanken ebenso Fremdes hinstellen und dem von Furcht bewegten Zuhörer das angenehme Gefühl geben, daß es bei uns auch in dieser Hinsicht doch so viel besser sei.«

Gegenüber dieser etwas romantischen Auffassung ist es nötig, einmal in äußerster Sachlichkeit das Aufkommen, die Organisation und die Wirkung der großen amerikanischen kapitalistischen Konzentrationen zur Darstellung zu bringen und die Ähnlichkeiten mit europäischen Verhältnissen genau so wie die Differenzen zu betonen.

Wenn in Europa um die Mitte des 19. Jahrhunderts, vielleicht am stärksten in den sechziger Jahren des mittelviktorianischen England, des empire liberal, und des gleichgerichteten Deutschland der Schultze-Delitzsch, Prince Smith usw. der Höhepunkt individualistischer Auffassung und individualistischer Wirtschaftsorganisation mit völlig freier Konkurrenz zu sehen ist, so war in Amerika diese Geistesrichtung und diese Organisationsform von den Anfängen aller gewerblichen Betätigung an herrschend gewesen. Ausnützung der großen Möglichkeiten des neuerschlossenen Landes, Anpassung an die Konjunkturen, Freiheit des Individuums in jeder Beziehung: das waren Schlagworte, mit denen man arbeitete, die aber auch der Situation vollkommen entsprachen. Die Schutzzollpolitik, die, wie wir neulich gesehen haben, seit dem Jahre 1791 in Amerika herrschte, war bei der enormen Bedarfszunahme und bei ihrem relativ mäßigen Charakter nur eine leichte Einschränkung dieser Verhältnisse. Amerika war das Land, in dem man leicht neue Unternehmungen gründete, sie entwickelte und es zu Reichtum und Ansehen brachte. Vermögensansammlungen, wie die englischer städtischer Großgrundbesitzer und Industrieller, waren um die Mitte des Jahrhunderts in den Vereinigten Staaten noch ganz seltene Ausnahmen. Das Land war kapitalarm. Für die großen Bahnbauten wurde überwiegend europäisches Kapital herangezogen, und die Generation der Mevissen, Harkort und Alfred Krupp findet auf industriellem Gebiet in Amerika keine Paralelle. Die stärksten Individualitäten waren entweder in der Aufschließung des Westens beschäftigt oder suchten im Bahnbau und dem internationalen Waren- und Geldhandel ihr Feld.

Der amerikanische Bürgerkrieg brachte für die Vereinigten Staaten zum zweiten Male eine Abschließung von industrieller Konkurrenz, eine Anspannung des gewerblichen Lebens, wie sie in dem kontinentalen Europa nur einmal, zur Zeit der Kontinentalsperre, geherrscht hat. Die gewaltigen finanziellen Bedürfnisse der Kriegsführung veranlaßten außergewöhnliche Maßnahmen. Und so bewundernswert die Hingabe war, mit der von vielen Seiten für die Aufrechterhaltung der Union und für ein einheitliches, freies Land gekämpft wurde, so ungeniert war die Ausnützung der Situation im Interesse einzelner Produzenten. Wer nur irgendwie eine Verbindung in Washington hatte, setzte es durch, daß neben den internen Produktionssteuern, die dazumal eingeführt wurden, angebliche Ausgleichzölle angenommen wurden, deren Höhe alles überstieg, was man vorher gekannt hatte. Aber, was noch wesentlicher ist, während man nach dem Jahre 1865 die internen Steuern schnell herabsetzte und aufhob, blieben die angeblichen Ausgleichzölle bestehen und haben den Schutzzollcharakter der Vereinigten Staaten mit geringen Schwankungen bis heute bestimmt. Und im engsten Zusammenhang damit steht die Entwicklung der großen, teilweise monopolistischen Industriegebilde.

Nicht etwa, daß alle Trusts ihre Entstehung oder Erhaltung dem Schutzzoll verdanken, aber es ist derselbe Geist, der die Schutzzollpolitik und die Trusts geschaffen hat. Hatte man vorher mit stürmischer Energie und systematischer Ausdauer die gegebenen Möglichkeiten wirtschaftlichen Erfolges ausgenützt, sich den Bedingungen des Geschäftes angepaßt und der unerhört schnellen Entwicklung des Marktes nachzukommen gesucht, so ging man jetzt daran, künstlich die Voraussetzungen zu schaffen, auf Grund deren man zu verdienen gedachte. An die Seite und womöglich an die Stelle der Ausnützung von Konjunkturen, trat das wachsende Streben, sich zum Herrn der Situation zu machen, Preis und Form des Geschäftes selbständig und einseitig zu formulieren. Aus demselben Jahre 1865, in dem der Bürgerkrieg beendet wurde und die Schutzzollpolitik ihren extremen Charakter annahm, stammt die Gründung des ersten amerikanischen Trusts, der späteren Michigan Salt Association; um dieselbe Zeit ungefähr wurden die Grundlagen für die große Petroleumkombination des Herrn Rockefeller gelegt.

Es hat in den Vereinigten Staaten viele Dutzend von Kartellen gegeben, die denen der deutschen Industrie in der Hauptsache entsprechen, wenn sie auch niemals den hohen Entwicklungsgrad etwa des Kohlensyndikats erreicht haben. Es gibt noch heute viele solcher Kartellverabredungen. Aber ihre Bedeutung wurde schon dadurch stark beschränkt, daß die amerikanische Rechtsprechung im Gegensatz zu der deutschen und englischen dauernd an der Unverbindlichkeit aller solchen Kartelle festhielt, ja sogar von vornherein ihren Abschluß als kriminell, als unerlaubte Einschränkung des freien

Wettbewerbs, restraint of trade, ansah. Das heißt nun nicht, daß solche Kartelle nicht immer wieder gegründet werden. Aber wo es sich nicht um einen ganz kleinen Kreis handelt, den man genau kontrollieren kann, machen sich die Schwierigkeiten dieser rechtlichen Situation zu stark bemerkbar. Und selbst da, wo nur wenige Teilnehmer vorhanden sind und man glaubt, mit dem gentlemen's agreement, dem einfach auf der Einhaltung privater Zusagen aufgebauten Vertrage, auskommen zu können, hat sich diese Hoffnung in Amerika nicht öfter, aber auch nicht seltener als in Europa trügerisch erwiesen. Dazu kommt, daß der Amerikaner für die beschränkte Selbständigkeit, für die der deutsche Industrielle und noch mehr der deutsche Ideologe mit so viel Begeisterung eintritt, wenig Sinn hat. Kann er nicht frei schalten, so ist er ebenso gern bereit, sein ganzes Unternehmen zu verkaufen und dessen Individualität und Identität aufzugeben.

Die Standard Oil Company, der große Petroleumtrust, und einige andere Kombinationen hatten dazu früher die Form gewählt, daß die sämtlichen Aktien der verschiedenen Unternehmungen derselben Industrie einer Anzahl von Treuhändern übergeben wurden, die das Stimmrecht in der Generalversammlung ausübten und infolgedessen die alleinige Verfügung über die Industrie erlangten, während die eigentlichen Aktionäre auf ihre Zertifikate die Dividende bezogen. Als dieses Verfahren für ungültig und strafbar erklärt wurde, bediente man sich anderer Formen, entweder der völligen Fusion oder häufig der Gründung einer Holding Company, einer Mantelgesellschaft, die die Aktien oder einen genügenden Prozentsatz der Aktien der einzelnen Unternehmungen in ihrem Portefeuille hielt.

Als Trust, besser als monopolistischen Trust, bezeichnen wir im heutigen deutschen Sprachgebrauch jede monopolistische Organisation einer kapitalistischen Industrie, die direkt oder indirekt eine absolute Verfügungsgewalt über die in ihr vereinigten Betriebe besitzt. Dabei ist es gleichgültig, ob es sich um früher selbständige Unternehmungen handelt oder um ein zu solcher Größe aus sich herausgewachsenes Werk, gleichgültig auch in welcher Form diese Verfügungsgewalt ausgeübt wird, solange nur in einem Organ die gesamte Macht über die betreffenden Unternehmungen vereinigt ist. Der Gegensatz zum Kartell ist deutlich: dort ein Bundesstaat auf Kündigung, dessen einzelne Mitglieder eine beschränkte Souveränität behalten, hier die gesamte Gewalt in der Zentralmacht vereinigt, deren Teile nur abgeleitete Rechte besitzen, die jeden Augenblick zurückgenommen werden können.

Wenn wir nun alle Industrien nennen würden, in denen nach amerikanischer Darstellung Trusts bestehen, so würden wir dazu kommen, daß diese so viel straffere Form als das deutsche Kartell einen ganz großen Teil der amerikanischen Industrie beherrscht. Aber diese Auffassung ist durchaus irrig und ist nur auf die verschiedenartige Bedeutung zurückzuführen, die das Wort Trust in Amerika und bei uns besitzt. In Amerika bezeichnet man nämlich als Trust nicht etwa nur die monopolistische Organisation mit absoluter Verfügungsgewalt, sondern jegliche große Zusammenfassung in irgendeiner Industrie. Nimmt man beispielsweise das dickleibige Moodysche Buch »The Truth about the Trusts« zur Hand, so findet man mehr Trusts, die 20—30 Prozent der Produktion kontrollieren, als solche mit 80—100 Prozent.

Die amerikanische Literatur, die die Vorteile der Großunternehmung für die Verbilligung der Produktion stets in den leuchtendsten Farben malt, hat oft genug den wesentlichen Unterschied zwischen Großunternehmungen und monopolistischen Organisationen vernachlässigt.

Hier handelt es sich zunächst um die Frage der monopolistischen oder semimonopolistischen Organisationen. Objektiv und subjektiv liegen die Aussichten für die Gründung und Aufrechterhaltung solcher semimonopolistischer Gebilde in Amerika nicht unwesentlich anders als bei uns. Zwar verdanken viele ihr Bestehen und die Möglichkeit, die Preise stark in die Höhe zu schrauben, genau so wie bei uns, dem Schutzzollsystem. Gerade in einem Lande, dessen Bedarf so rapid anwächst, vermag ein solches Schutzzollsystem das inländische Monopol außerordentlich zu festigen, denn selbst wenn man zeitweise eine Überproduktion hat oder mit teuren Kosten Outsiders aufkaufen muß, kann man doch darauf rechnen, sehr bald die gesteigerten Produktionsmengen zu Weltmarktpreisen plus Fracht und Zoll sicher abzusetzen und sich für etwaige temporäre Verluste zu entschädigen.

Wesentlich verschieden von Deutschland sind jedoch die Frachtverhältnisse. In Deutschland herrscht im Eisenbahnwesen das Prinzip ziemlich gleichmäßiger Tarife, soviel Ausnahmstarife auch existieren.

Im großen ganzen wird der Grundsatz festgehalten, daß entweder pro Kilometer ein gleicher Frachtsatz gilt, oder wenigstens trotz gewisser Ermäßigung für weitere Entfernung der Satz gilt, je länger der Weg, desto größer die Frachtkosten. Das schafft in Deutschland lokale Monopolstellungen, die es nachher umso leichter machen, eine Einigung über den allgemeinen Markt in den Kartellen herbeizuführen.

Das amerikanische Privatbahnsystem arbeitet ganz anders; nach dem Grundsatz nämlich, daß die Fracht so hoch sein soll, daß der Kunde sie noch gerade bezahlen könne, aber auch nicht höher als dieser Preis, solange überhaupt noch an der Fracht etwas verdient wird. Nach diesem Grundsatz hat sich eine viel schärfere Konkurrenz zwischen den einzelnen Orten der Produktion herausgebildet, als das bei uns der Fall ist. Dazu kommt die gegenseitige Konkurrenz der einzelnen Bahnen, von denen nicht selten jede darauf aus ist, soviel Fracht als nur möglich für sich zu bekommen. Wenn somit die Monopolstellung regulär viel schwieriger zu erlangen ist, so haben gerade viele amerikanische Trusts, vielleicht könnte man behaupten, die meisten, ihre Position der besonderen Bevorzugung durch die Eisenbahnen zu verdanken. Was John D. Rockefeller mit besonderem Geschick schon Ende der sechziger Jahre inaugurierte, nämlich daß ihm als dem größten Verfrachter ganz besondere Rabatte gewährt wurden, oder daß für seine Produktionsstätten ganz besonders günstige Tarife gestellt wurden, das ist nachher allgemein im amerikanischen Geschäftsleben üblich geworden. Der Outsider konnte nicht konkurrieren, weil er zu viel Fracht zu zahlen hatte.

Dasjenige Mittel, das bei uns im ganzen als das sicherste gilt, eine Monopolstellung zu erringen, nämlich die Kontrolle der Rohstoffe, ist in Amerika zumeist viel schwieriger durchzuführen. Denn da es sich um ein so enormes Gebiet handelt, das geologisch noch nicht annähernd so weit erforscht ist wie Deutschland, erscheint es auf die Dauer so gut wie unmöglich, etwa die Kohlenminen oder Kupferminen oder Eisenerzgruben des Landes monopolistisch zusammenzufassen. Immer wieder kommen neue Funde zutage, und wenn man auch diese aufzukaufen versucht, solange sie nicht in zu großem Maße das Budget belasten, auf die Dauer läßt sich das schwer genug durchführen. Der große Stahltrust, der im Jahre 1901 bei seiner Gründung 66% der Stahlproduktion beherrschte, ist trotz Aufkaufes anderer Werke auf 58% heruntergesunken. Und wenn er zeitweise gehofft hat, durch langjährige Pachtung der neuen Erzlager der Great Northern Railway wenigstens für die Zukunft seine Position zu festigen und ein Monopol vorzubereiten, so hat er selbst eingesehen, daß dies unmöglich ist, und hat diese Verträge rückgängig gemacht, weil er trotz aller großen Investitionen den Outsiders das Material nicht abschneiden kann.

In subjektiver Beziehung ist die bekannte wirtschaftliche Aggressivität der Amerikaner zugleich eine Förderung wie eine Hemmung des Monopolgedankens: eine Förderung, indem der kapitalistische Unternehmer, der diese Möglichkeiten des Verdienens sieht, sie mit ungewöhnlicher Energie verfolgt, eine Hemmung, indem es viel mehr Leute gibt, die bereit sind, jeden Augenblick den Kampf auch mit den größten Kombinationen aufzunehmen. Mag auch bei vielen von ihnen der Gedanke vorherrschend sein, sich zu guten Preisen von den Trusts aufkaufen zu lassen, so genügt doch selbst diese Konkurrenzabsicht, um das Monopol immer wieder von neuem anzugreifen. Man kann sagen, obwohl der amerikanische Trust seiner rechtlichen Organisation nach etwas viel Festeres darstellt, keinerlei Begrenzung unterliegt, im Gegensatz zum deutschen Kartell, so hat der Amerikaner bei einer Monopolstellung immer nur das Gefühl, daß es sich um etwas Momentanes handelt. Die Selbstverständlichkeit des Monopols, die heute in vielen deutschen Industrien existiert, bei denen die freie Konkurrenz nur noch wie ein Krieg angesehen wird, der den regulären Friedenszustand unangenehm unterbricht, ist in Amerika niemals vorhanden. Auch das Monopol wird als etwas aufgefaßt, das täglich neu geschaffen und verdient werden muß.

Damit ist auch schon gesagt, daß von irgendeiner Einschränkung der individuellen Betätigung durch die Trusts eigentlich in Amerika wenig die Rede ist. Die Männer, die an der Spitze dieser Trusts stehen, betrachten sie natürlich nur als Objekte für ihr wirtschaftliches Streben und ihr Organisationstalent. Außenstehende und kleine Angestellte vermögen sich relativ leicht zu führenden Stellungen emporzuarbeiten. Und wenn auch an einzelnen Stellen durch diese Trusts das Aufkommen neuer Unternehmungen bedeutend erschwert worden ist, es gibt noch so viele Wirtschaftsgebiete der Vereinigten Staaten, in denen man leicht ein Geschäft gründen kann, daß diese

Einschränkung der Betätigungsmöglichkeiten nur sehr gering von dem einzelnen empfunden wird, um so mehr, als das Festhalten an einer Branche in Amerika viel weniger üblich ist als bei uns. Wenn man in Petroleum nicht groß werden kann, so versucht man es eben in irgend etwas anderem.

Eine Frage, die so häufig als die spezielle Trustfrage bezeichnet worden ist, nämlich die der Gründergewinne, der Finanzierung und der Börsenspekulation, hat zwar mit den Trusts praktisch genug zu tun, ist aber keineswegs gerade an monopolistische Unternehmungen gebunden. Die Überkapitalisierung neugegründeter Unternehmungen, die Manipulation von Börsenwerten, herrscht in Amerika bei monopolistischen und bei anderen Unternehmungen in gleicher Weise; und viele monopolistische Trusts sind wenigstens von Überkapitalisation so frei, wie nur irgendein anderes Unternehmen. Und diese Nachteile einer ungeregelten Finanzwirtschaft kennen wir ja aus alten Zeiten in genügendem Maße; ich erinnere nur an die direkt danach genannten Gründerjahre. Auch heute sind ja sogenannte amerikanische Finanzmethoden bei uns nichts Seltenes, wenn auch vollkommen zuzugeben ist, daß die enge Verbindung der Banken mit den von ihnen gegründeten Gesellschaften und die strenge Gesetzgebung des Deutschen Reiches eine Reihe von Mißständen beseitigt hat, die früher bei uns und noch heute in Amerika an der Tagesordnung sind. Aber so sehr diese Nachteile amerikanischer Finanzwirtschaft existieren, sie sind, wie gesagt, kein Spezifikum der monopolistischen Trusts; sie herrschen im Eisenbahnwesen und in der kleinen Minenspekulation beispielsweise ganz in dem gleichen Maße.

Die Belastung der Konsumenten durch die amerikanischen Trusts ist genau gleichartig derjenigen, die wir durch unsere Kartelle erfahren. Über die Zeit tollster Preistreibereien sind die stärksten der amerikanischen Trusts lange hinaus. Standard Oil hat seine Stärke mehr noch als in der Spekulation in klugen Verwaltungsmaßnahmen und hütet sich, durch gar zu übertriebene Preise den Konsum einzuschränken. Manche andere Industrien haben diese Prinzipien akzeptiert, so beispielsweise bis zu einem gewissen Grade die Stahlindustrie, in der neben dem Stahltrust, der ja nur ungefähr die Hälfte der Produktion kontrolliert, eine große Reihe von losen Kartellen den Markt zu beherrschen suchen. Andere Trusts, wie der

Bleitrust, suchen die hohen Schutzzölle bis zum äußersten auszunützen, wie wir das ja ebenfalls in Deutschland zur Genüge kennen.

Endlich wäre noch ein Wort über die Beziehung der Trusts zu den Arbeitern zu sagen. Wie die deutschen Kartelle den Assoziationsgedanken, den sie für das Kapital als den einzig wahren betrachten, für die Arbeiter als vollkommen verwerflich hinstellen, und während sie durch Zwangsmaßnahmen jedem die wirtschaftliche Existenz zu untergraben suchen, der sich ihnen und ihrem Interesse entgegenstellt, ja überhaupt niemand neu aufzukommen erlauben, dagegen aber bei den Arbeitern die Vereinigung und sicherlich jeden Druck auf die Kollegen, sich zu gemeinsamem Kampfe für bessere wirtschaftliche Bedingungen zu verbünden, als Unsitte und dem Gedanken der Freiheit widersprechend hinstellen, so geht es auch in den Vereinigten Staaten. Die großen Trusts haben sich im ganzen als die schärfsten Feinde der Arbeiter bewiesen. Der Stahltrust vor allem hat die Politik Carnegies, dieses etwas eigenartigen Philanthropen, fortgesetzt und die Arbeiterorganisationen schwer geschädigt, zum Teil aus seinen Werken vertrieben. In einer überwiegend günstigen Wirtschaftsperiode haben die Arbeiter vielleicht die volle Tragweite dieser Entwicklung nicht ganz erfaßt. Der Staat aber hat auch in dieser Beziehung seine reine formale Auffassung der Freiheit nicht aufgegeben und die Arbeiter nirgends geschützt. Einer wirklichen Lösung der Probleme ist man daher auch in der amerikanischen Industrie nicht nähergekommen.

Printed by Libri Plureos GmbH
in Hamburg, Germany